D1692421

Dat lütte lustige Leesbook

Herausgegeben
von Gesche Scheller

Quickborn-Verlag

Wir danken den Rechteinhaber für die freundliche Genehmigung zum Abdruck der in diesem Buch enthaltenen Texte.

Da die Rechtsnachfolge bei einigen Autoren nicht festzustellen war, ist es nicht in allen Fällen möglich gewesen, die Abdruckgenehmigung einzuholen.
Honoraransprüche der Rechteinhaber bleiben selbstverständlich gewahrt.

Die plattdeutsche Schreibweise der Autorinnen und Autoren ist unverändert übernommen worden und kann aus diesem Grund unterschiedlich sein.

ISBN 978-3-87651-345-4

Für diese Zusammenstellung:
© Copyrigtht 2010 by Quickborn-Verlag, Hamburg
Umschlaggestaltung: Brandt-Zeichen
Birgit Busche-Brandt, Hannover
Gesamtherstellung: CPI – Clausen & Bosse GmbH, Leck
Der Umwelt zuliebe
auf chlorfrei gebleichtem Papier gedruckt
Printed in Germany

Inhalt

DANIEL BARTELS
Christoffer Kolumbus 7
REIMER BULL
Bitte, meine Herren 11
HEIKE FEDDERKE
Nummer eenuntwintig 15
HANS-JÜRGEN FORSTER
De Tietbomb 19
KONRAD HANSEN
Wackelkontakt 28
IRMGARD HARDER
To Kur 40
CHRISTA HEISE-BATT
Laat dat na! 45
AUGUST HINRICHS
Vörnehm un gering 50
HANS HENNING HOLM
Polterabend 59

RUDOLF KINAU
Reken 64
HEIN KÖLLISCH
Des Sängers Fluch 69
ROLF KUHN
Arfensupp bi Karstadt 73
BOY LORNSEN
Sinfunikunzert 77
DIRK RÖMMER
Riederfest in de Fesen 81
GERD SPIEKERMANN
Us lüttje Oma 89
OTTO TENNE
Dat Waterwiev 94
GÜNTER TIMM
Tante Hedwig warrt tachentig . . . 100
JOCHEN VOSS
Dat Fondü 104
FRITZ WISCHER
Klas Butenschön vör Gericht 111

Autoren-und Quellenverzeichnis   118

DANIEL BARTELS

Christoffer Kolumbus

oder: Klook sünd se all –
 plietsch mutt een we'n
Kolumbus hebbt s' nich bloß belohnt –
nä, ok mit Bosheit nich verschoont!
Denn Fürstengunst, ob se noch so swoor,
hangt an een stark verdünntes Hoor;
un klingelt Bosheit d'ran un Neid –
glieks ritt de ganze Herrlichkeit ...

Mal seet de grote Admiral
een's scheunen Dags bi 't Middagsmahl;
rund üm em de Herrn Günndinix,
Dalf, Dünkeldei un Tungenfix –
dat weuren Granden; ehr Verstand
hüng linker Hand an 't Ordensband.

Dat Dischgespräch dreih na un na
sick denn nu üm Amerika.
Man spreuk vun't »benedeite Land«,
as leeg dat so op flache Hand,

dat nich Kolumbus, wie man meen,
so 'n hogen Ruhm dorüm verdeen;
nä, dat den groten Länderfund
ok sünst wer harr entdecken kunnt –
un jeder smeet dorbi 'nen Blick
op sick, as: – Düsse een bün ick!

Kolumbus heur jem lächelnd to;
d'rop sä he to de Opwahrsfroo:
»Süh, dor fallt mi een Kunststück bi!
Bring doch mal Eier her för mi,
so veel du hest, den ganzen Swarm –
doch, bitte, kaak se nich erst warm!«

»Paßt op!« sä Dalf, »– de Faselhans
wiest uns gewiß den Eierdanz!
He leggt de Dinger op de Eer
un springt dortwischen, dwass un dweer,
op hölten Tüffeln rüm. Ick wett,
dat he een Eierkoken pett!«

Kolumbus, den de Spottlust kratz,
sä: »Fehlgeschaten, Herr Pajatz!
Bi düsse Angelegenheit
bruukt man bloß Fingerfertigkeit!

Nehm jeder nu mal 'n Ei to Hand,
un denn verseuk he, recht gewandt,
mit Pli, Schenie un kloken Witz,
dat Ei to stellen op de Spitz!
So mancher hett dat al versöcht
un hett dat doch nich fertigbröcht!

»Oh!« sään de Herrn, »dat's doch so licht!«
Doch länger worr nu ehr Gesicht
un hüng bet op de Ünnerlipp,
as jedes Ei vörnöber kipp;
un stell man 't ok, statts op den Kopp,
jetzt op de Feut verseukswies op –
dat kipp un kipp! – »Nä, dat is nix!
Dat's Heuhnerkraam!« sä Tungenfix.

As he sick an Kolumbus wenn
un freug: »Na, segg, kannst *du* dat denn?«
Neum düsse stillvergneugt een Ei,
stött op den Disch de Spitz entwei –
un süh! – dor stünn dat fast un wiß!
»Ja –«, reup dat ganze Koor, »– dat is
keen Kunst. Op de Wies' künnt wi 't ok!«
»Natürlich, ja; nu sünd ji klook
un weise«, sä Kolumbus. – »So
güng 't ok bi de Entdeckung to;

nu ick se maakt heff, – nu kaamt ji
un seggt: »Wat du, dat köönt ok wi!«

»Ja, mit so 'n fulen Eierkraam
bruukst aver du uns nich to kaam' –
to so wat –«, reupen alle luut,
»mien Leeve, seuk di Dümm're ut
as uns!

»Ja –«, sä Kolumbus, »– dat
heff 'ck al versöcht, kreeg 't aver satt;
denn weet: Wat ick ok deed beginn'n –
noch Dümm're – nä, de kunn'ck nich
   finn'n!«

REIMER BULL

Bitte, meine Herren

Wat kann en nich allens beleven, wenn Studenten ehr Prüfung maken doot. Schiß hebbt se je all, dat hebbt wi ok hatt, un en schall dat nich vergeten. Wat ik aver mit een vun de jungen Lüüd mitmaakt heff, ik weet nich, wat dat sowat noch maal geven warrt.

1968. Dat weer de Tiet, do gungen de Studenten op de Straat, un se harrn dor Grund to. Mien jungen Mann jümmer eerst Mann an de Sprütt, he weer de Boß vun de jungen Lüüd, un wenn he för ehr mit de Perfessers strieden dee, denn kreeg he sik mit de so in de Wull, as man jichens en Tarifpartner den annern an de Plünnen gahn kann. Vunwegen ›Herr Professor, dürften wir …‹. Nix! Égalité! Herr Marx, Herr Marcuse. Dat hett em Spaaß maakt.
Nu mutt aver ok so'n Mann je maal sien

Prüfung maken, un wat so'n Prüfung anlangt, in de süht dat leeg ut mit de ›égalité‹, dor warrt fraagt, un de Kandidat mutt antern. Süh, un dat hett em piesackt. Prüfer und Prüfling, dat hett he as Baven un Ünnen ansehn, un dor wull he sik partout nich in schicken. So keem he denn, as he kamen is.

Ik weet den Dag noch genau, en hitten Sommerdag, de Kommission weer versammelt, de Vörsitter, en vun't Ministerium, de harr de Tiet wull noch nich ganz mitkregen, de seet noch in Swatt dor. Dat weer en paar Minuten vör dree, Klock dree schull de Prüfung anfangen, do klopp dat an de Döör, un ehrer de Vörsitter noch ›herein‹ seggen kunn, do keem uns Kandidat al rin.
Also ik heff dacht: Ich hab' eine Erscheinung!
He: baarfoot, Turnbüx an, nakelte Boß, bloots um de Schullern so'n lütt Bolerojäckchen. So stunn he in de Döör.
De Kommission keem hooch, as kunn se nich glöven, wat se dor sehg.

Do sä he: Bitte, meine Herren, behalten Sie doch Platz.

Bums seet se wedder.

Denn sett he sik daal, slöög dat een Been över dat annere, fummel sik en Zigarett ut sien Bolerojack un heel uns de Schachel hin:

Sie rauchen?

De Vörsitter weer so verdattert, nehm en Zigarett, leet ehr aver foorts wedder fallen un sä: Ich rauche nicht.

Aber man darf? sä de Kandidat.

Bitte.

Denn steek he sik en an, bloos den Rook in de Luft, keek op de Klock, dat weer dree, un sä:

Ja, 15.00 Uhr, ich denke, wir fangen an.

He hett en allerbest Prüfung maakt, de junge Mann, denn he weer en vun de Kloken. Een Deel allerdings hett he noch nich mitkregen hatt, dor weer he to Jung to un to opsternaatsch: He hett sik jüst so opföhrt, as he dat vun sien Lehrers nich lieden much, vun Baven na Ünnen. Bitte, meine Herren, behalten Sie Platz! Aver ok dat hett sien goden Sieden: So kann en gewahr warrn, wo lachhaft de egen Manieren gelegentli sünd.

HEIKE FEDDERKE

Nummer eenuntwintig

Woneem ik hin müss, wüss ik noch von vergangen Johr. Een Trepp rop, un denn weer dat dor enerwo. »Kann ik hölpen?«, fröög fründlich een junge Fro. »Jo«, sä ik. »Ik will no Ruum 2 un kann un kann dat nich finnen.« – »Dor mööt Se de Trepp weller rünner, links üm de Eck un denn is dat glieks de eerste Döör.« Fründlich sünd se jo man eenmol op 'n Finanzamt. Dat is wohr. Man dat ik von een Johr op 't annere doch al weller vergeten harr, woneem een de Stüür-Erklärung afgeben kann, wenn he noch wat frogen will, dat geev mi doch to dinken.
De Klock weer man jüst halbig negen, man in den Töövruum seten al so veel Lüüd as üm disse Tiet bi unsen Dokter sitten doot. Verbiestert keek ik mi üm. So weer dat letz Johr nich! An den Töövruum harr ik mi se-

ker noch besinnen kunnt. Un ik wull doch blot eben gau ...

»Sünd ji all vör mi an de Reeg?«, fröög ik verdaddert. Een Nummer schullst du di trecken un aftöben, bit du opropen wöörst. Wo weern de Nummern? Ik kenn mi dor gor nich mit ut. De Kasten hüng meist vör mien Nees. De Lüüd füngen al an to gniggern. Nummer eenuntwintig! Mien Gott, wo lang schull dat denn duurn? Ik wull doch noch in de Stadt un nich mienen schönen fre'en Vörmiddag hier op 'n Finanzamt rümsitten! »Vergangen Johr weer dat ober nich mit den Töövruum. Dor hebb ik op 'n Floor seten. Dat weet ik genau.« – »Doch!«, protesteren de Lüüd as ut enen Mund. »Disse Ruum weer hier vergangen Johr uk al. Sett di man dool. Dat duurt gor nich so lang. Dor sünd twee Lüüd an 't Beroden.«

Ik wüss gor nich, wat 't dor to grienen geev! Bi 'n Dokter weern al mol ölben Mann vör mi, man twintig? Harr ik doch blot den Breef mit de Post schickt. Wenn dor nich noch een poor Frogen ween weern. Bün ik nu blööd? Disse Töövruum,

ik kunn mi dor nich op besinnen. Also rut hier, nix as rut!
»Kann ik hölpen?«, fröög fründlich de Pörtnerin. Ik sä: »Ik müch uns Stüür-Erklärung afgeben. Ik bün Nummer 21 in den Töövruum dor achtern. Is dat denn de Mööglichkeit?« Nee, also mit uns Stüür-Nummer müss ik de Treppen rop bit in 'n drütten Stock, Ruum Nummer sowieso, Herr Sowieso. »Herr Sowieso kummt ober jümmer eerst so bi Klock negen rüm.« Na goot, villicht kööm ik denn jo doch noch in de Stadt. »Un wat mook ik nu mit mien Nummer eenuntwintig?« – Papierkorf...
In 'n drütten Stock geev dat kenen Töövruum, dor müsst du op 'n Floor sitten un töben. Wüss ik dat doch noch von vergangen Johr! Pünktlich op 'n Klockenslag füng de Finanzbeamte mit sien Arbeit an.
»Wenn ik noch mol eben frogen dröff, wo sik dat hiermit verhöllt?«, wies ik op den enen Zeddel, wo ik mi doch to Huus meist den Kopp över tweibroken harr. He tipp wat in sienen Computer rin, möök een Teken op uns Inkomenstüür-Erklärung rop, un allens güng sienen Gang. Bit op de een

Froog. Dor kunn he mi keen Antwoort op geben. Dor müss ik op 'n Floor no links un denn ganz achtern rechts de Döör Nummer sowieso. Fro Meyer-Dingsbums, as Elke Heidenreich jümmer seggt. Goot. Fro Meyer-Dingsbums weer ober jüst nich op ehren Platz, as ik vörsichtig ankloppt harr un mien Anliggen vörbringen wull. Ik schull man 'n Ogenblick töben. Op 'n Floor sübbstverständlich. Sübbstverständlich! »Goden Morgen!« – »Goden Morgen!« – »Moin!« Fründlich sünd se op 'n Finanzamt, kannst nich anners seggen. Fro Meyer-Dingsbums blöder in uns Stüürakten rüm. Man leider Gotts: Afsetten kunnen wi dat nich.

Wat dor nu bi rutsuurn deit, wat wi wat nobetohlen schüllt oder wat wi wat wellerkriegen doot un dor fein von in Urlaub föhren köönt, dat warrt wi wies. Dat Porto för den ganzen Backsmusenkroom harrn wi op jeden Fall weller spoort. Un de Fohrtkösten sett ik von de Stüür af. Man dat bruukt dat Finanzamt nu jo jüst nich to weten kriegen.

HANS-JÜRGEN FORSTER

De Tietbomb

»Wi sünd *een* Grootfomilie«, harr Amtsroot Vollmer ümmer seggt. Wat dat op 'n Wiehnachtfier, op 'n Jubiläum oder en Bedriefsutfloog weer – allerwegens, wenn't wat to fiern geev un he to en lütt Ansprook opstunn, keum he op de »Grootfomilie« to snacken. Sien Mitarbeiders luurt dor al ümmer op, un wenn't denn keum mit de »grote Fomilie« harrn se sik toknippern mit de Ellenbogens in de Sieden bufft, biplichtens nickkoppt un in sik ringrient.
Soßteihn Lüüd sünd se in de Booverwaltung von de lütt Kreisstadt, un wat den Snack mit de »Fomilie« angeiht, dor is worraftig wat an: Se hebbt en good Bedriefsklimo, de Ollen un de Jungen verdreegt un verstoht sik good, snackt fründlich un kameroodschaftlich mit'nanner, un all Neeslang gifft dat bannig wat to lachen.

Bi Spijöök, Jux, dumm Tüüg un Dalvernis hebbt tomehrst dree Lüüd de Hannen in't Speel: Bert Blohm, Gustav Buurmeester un Walter Hund, den se all blots »Waldi« neumt.

Walter hett mehrstiets in'n Butendeenst to doon, un wenn he loostrecken deit, denn schandeert sien twee Mackers. »Waldi geiht Gassi«.

Kloor, dat Walter sowat nich so eenfach slucken deit un de annern denn ok mol wat bipuult, wat nu wedder de nich op sik sitten loot. Un so vergeiht meist keeneen Dag, wo een den anner nich rinleggt, em en Schobernack speelt un enen utwischt. In alle Fründschop, versteiht sik.

Dat loppt to'n Bispill so af: Bert finnd't an sien Telefoon en Zedel: *Dringend!* Herr Löwe aus Hamburg erbittet Rückruf. Telefon 040–540001.

As Bert dor anroppt, melld't sik en Froonstimm mit »Hagenbecks Tierpark, Sie wünschen bitte?« Un as he denn freugt, wat se em mol mit Herrn Löwe verbinnen kann, dor meent se snippsch, wat sik de Lüüd nich ok mol wat orginellert utdenken köönt, as ümmer en Leuv an'n Apperoot to verlangen.

Dunn stellt Bert bi Walter, op den sien Verdacht as Uthecker fallt, boben op sienen Schapp en Pappbeker mit Woter. Um düssen Beker tüdelt he en Tweernsfoden un pinnt em so vigeliensch an de Schappdöör fast, dat keeneen dat wies ward. Un as Gustav sien Schapp opsparrt, klatscht em de keuhle Segen över'n Kopp.

Walter, de meent, Gustav weer dat Schietkeerl, de em dat andoon hett, nogelt em bi de neegst Gelegenheit en Hiering unner de Platt von sienen Schriefdisch. – Twee Doog loter fangt dat bi Gustav an to rüken. Gustav socht un socht, man finnen deit he nix. Anner Week kann keeneen dat länger as teihn Sekunnen in den Kabuff uthollen, un Gustav, den sien Mackers al rood't harrn, sik doch endlich de Feut mol wedder to waschen, mutt mit 'n Stohl un en lütt Bistelldisch op'n Floor trecken. Toletzt is de Hiering vergammelt von sülm doolfullen ...

Gustav kann dat jo nich bewiesen, man he is seker, dat keen anner as Bert em düssen ekelhaftigen Swienkroom inbrockt hett.

Un so geiht he, as Bert mol länger wat mit Vollmer to besnacken hett, an em sienen Schapp un neiht em akroot von boben bit unnen den Mantel dicht. Ärmels, Knoopliest, Taschen – nix lett he ut. As he mit sien Nodelarbeit fardig is, stoppt he den brunen Sack, de dat nu is, mit tohoopknüllten Poppier vull un hangt an den Klederbeugel en moolten Dodenkopp.
As Bert to Fierobend de Schappdöör opslutt, fallt em sien Mantel as sien egen opswullen Liek in de Arms.

Eenmol kummt en Architekt in't Amt un will wat mit Walter Hund besnacken. Man de is wedder mol in'n Butendeenst. Bert bestellt den Beseuker to'n Nomeddag wedder un seggt to'n Afscheed: »Wenn ik Se en goden Root geben droff: Herr Hund hett dat bannig mit de Ohren. Dat is so leeg mit em, dat he meist nix mehr verstohn kann. Also snackt Se so luud un düütlich mit em, as dat man geiht.«
Un as Walter wedder an'n Loden kummt, vertellt em Bert von den Architekt, de em noher beseuken will. Man de Minsch weer

sowat von hattheurig – ach wat heet hattheurig, meist doov weer de – un Walter sull sik dor man op instellen, anns kreeg de arm Keerl öberhaupt nix mit.
As denn de Architekt bi Walter opkrüzen dä, dor brüllt un schreet sik de Twee an, dat sik de Finsterschieben man so bulen doot un sogoor de Lüüd op de Stroot tosomentockt, wieldat sik dat dor boben no Moord un Dootslag anheuern dä. Un Bert, Gustav un de anner Kollegen liggt op de Delen, hollt sik de Büük, un de Tronen loopt em öber de Backen.

So geiht dat meist Dag for Dag, un allerwegens gifft dat bannig wat to Gnickern un to Gackeln. Bit verleden Harvst. Dor is dat op'nmol von enen Dag op den anner ut un vörbi, un Vollmer, de Chef, de bitto dat Drieben mit en nosichtigen Kniepäugen toloten harr as Utdruck von en good Bedriefsklimo, snackt nie nich wedder von sien »Grootfomilie«.

An en griesen Freedagmorgen kummt Vollmer mit swatten Antoog un swatten

Binner in't Amt. He mutt um ölben no't Gräffnis von den Kreisdirekter, den an'n Moondag bi't Kegeln de Slag dropen harr. Halbig ölben kiekt he bi Walter rin un freugt: »Herr Hund, Se hebbt doch in Ehr Schapp so en groten swatten Regenscheerm for'n Butendeenst. Köönt Se mi den woll mol lehnen? Ik gleuv, dat gifft Regen.«

»Kloor, köönt Se hebben«, antert Walter un grippt in sienen Spind, »ik bruuk em vondoog nich.«

So treckt de Chef denn loos, un keeneen swoont dor wat von, dat in düssen Ogenblick en Tietbomb to ticken anfangt.

No de Truurfier in de Kark mit Reden von'n Stootssekretär, Regierungspräsident, Börgermester, Vorsitters von Kegelklub, Schützengild un Heimootvereen treckt de lange swatte Toog mit Truurgästen no Karkhoff. Dor versammelt sik allens, wat Rang un Nomen hett, um de Graffsteed. De Tofall will't, dat Amtsroot Vollmer wiet vorn in de tweetvörderste Reeg nipp tegenöber von'n Paster, den

Stootssekretär un den Regierungspräsident to stohn kummt.

Un wedder hett dat den Anschien, dat de Reden un Noroops keen Enn nehmen wullt. Man jüst, as amenn de Paster bi »Eer to Eer, Stoff to Stoff« is un de Blooskapell von de Schützengild en Truurmarsch intoneert, mookt Petrus miteens de Luken open, un dat fangt an to pladdern.

Vollmer harr al de ganze Tiet öber no boben pliert un dor meist op luurt. Man goot, dat he sik bitiets mit en Scheerm utrüst harr. Un so is he een von de Eersten, de den Scheerm no boben ritt un op den Knopp druckt, de em opspannt.

Wenn Vollmer ohnt harr, dat he dormit en Katastroph utlösen dä, harr he sik beter von'n Regen versupen loten. Man he weet dat jo nich, un wat sik nu afspeelt, ward he nie un nümmer mehr vergeten un de anner Truurgäst woll ok mich:

In den Momang, as de Scheerm opklappt, mookt dat luut un düütlich »Puff« un en half Pund Konfetti ergütt sik öber Vollmer un sien Nobers. Man dat is noch nich allens: Von jeedeen Scheermspeek, bammelt an gele Tweernfodens greune Eukalyptusbontjes un – weetst woll – en wunnerbunte Lotex-Kollekschoon ut'n Herren-Paddemang.

Den Paster löppt de Text in de Grütt, de Muskanten püstert noch en poor schrege Kröpeltöön, denn brickt de Musik in sik tosomen. En poor Lüüd dreiht sik gau no achtern, as wullt se utneihen, de anner stiert Löcker in de Karkhoff-Eer oder treckt jemehr Snuufdeuker un övernehmt de Bloosmusik.

As Vollmer no'n Ewigkeit von fief Sekunnen kriedenbleek den Scheerm wedder toklappt, is em, as weer he dat eensomst Wesen un Middelpunkt togliek unner de tweehunnert Swattdreegers, un he wünscht sik nix anner, as dat he mit den Kreisdirekter dor unnen in de Kuhl tuuschen droff.

De Rest von de Truurfier is kott un bünnig, un de Gemeen stüürt so driebens ut'nanner, as Pietät un Takt dat eben noch toloot. Man den armen, verheesbesten Kerl mit den bontjebunten Konfetti op sienen Kopp un sien hangen Schullern dor afsiets in de Rhododendronbuschen, eensom as en starben Deert, klingt ümmer noch dat verdullte Tuustern an de Graffsteed in't Ohr: »Unglaublich! Unerhört! Würdelos! Wer ist dieser Mensch?«

Von düssen Dag an is dat in't Amt ut mit kandidelhaftigen Schobernack un nosichtigen Kniepäugen, un de »Grootfomilie« is von nu of an nix anners mehr as en ganz normool Booverwaltung.
Un »Waldi« Hund?
He harr dor jo egenlich gor keen Schuld to, denn he harr de Tietbomb gor nich scharp mookt. Man *he* mutt dat nu utboden. He droff nu for en anner Verwaltung »Gassi« gohn.

KONRAD HANSEN

Wackelkontakt

De Abend fangt an as jedeen anner Abend. In 't Fernsehen löppt de Sportschau. He sitt in Strickjack un Slarpen vör den Fernseher, blangen sick een Töller mit Botterbrööd un'n Buddel Beer. Sien Froo hett nix för Sport över, man na mehr as twintig Ehejohr kieckt se ut reine Gewohnheit mit. He maakt sick över de Botterbrööd her, se knabbert an een Soltstang. Na de Sportschau kümmt de Werbeblock, de Programmvorschau un de Narichten, un de ganze Tied fallt keen eenzig Woort. Mit 'n Mal sett de Fernseher ut. He will em per Fernbedeenung wedder in Gang bringen – geiht nich, de App'rat seggt keen Piep mehr. As he all Knööp dörchprobeert hett, smitt he de Tastatur op den Disch: »Schietdings!«

»Villicht een Sendestörung?« fraagt se.

»Bi 'n Sendestörung blennt se 'n Schild in: *Sendestörung.* Dat mutt an den App'rat liggen.«
»Meenst du, he is kaputt?«
He tuckt de Schullern.
»Wi hebbt em doch eerst annerthalf Johr. Den olen hebbt wi twölf Johr hatt, un de is mich eenmal kaputt ween.«
He bekieckt sick dat Stück Brot, wo he jüß vun afbeten hett: »Wat is dor op?«
»Mettwuß, sühst du doch.«
»Toveel Kümmel in. De anner hett mi beter smeckt.«
»Wat för 'n anner denn? Siet Johr un Dag kriggst du desülve Mettwuß op Brot.«
»De hier smeckt aber anners!«
»Kann se gor nich!«
»Deiht se aber!«
»Denn lettst dat eben liggen.«
He leggt dat Stück Brot op den Töller trüüch.
»Een Fernseher dörf doch na annerthalf Johr noch nich kaputtgahn – oder wat meenst du?« seggt se.
»Je fröher de Dinger kaputtgaht, je mehr ward köfft. An Fernseher, de för de Ewig-

keit boot sünd kann de Industrie nix verdeenen.«

He drinkt een'n Sluck Beer.

»Un utgerckent hüüt abend gifft dat een'n olen Film mit O. W. Fischer! To argerlich aber ook!«

»Worüm is dat Beer nich koolt?«

»Kannst du doch nich af.«

»Wer seggt dat?«

»Hett de Dokter di doch verbaden. Wegen dien Gastritis.«

»De is doch al langen utkureert.«

»So?«

»As ick kort vör Wiehnachten bi 'n Dokter weer, hett he seggt, mit mien'n Maag weer wedder allens in Ordnung.«

»Ach! Un worüm krieg ick dat nu eerst to weten?«

»Ach, kumm! Heff ick di doch vertellt.«

»Ick heff nich mal wußt, dat du bi 'n Dokter weerst.«

»Segg man leeber, du hest dat vergeten.«

Se denkt na: »Kort vör Wiehnachten? Dor weern wi gor nich hier!«

»Nich hier? Natürlich weern wi hier!«

»Nee, weern wi nich!«

He höllt ehr de Hand hen: »Wetten?«
»Mit di wett ick nich. Du dreihst dat ja doch jümmer so her, dat du recht behöllst.«
»Ick kann mi dor nämlich genau op besinnen, dat de Dokter een'n Wiehnachtsklenner in sien Wartezimmer harr, un dor weern blots noch twee Klappen to!« He grieflacht: »Nu kümmst du!«
»An'n twintigsten Dezember sünd wi to dien Öllern na Itzehoe föhrt! Un dor sünd wi bet Niejohr bleben!«
»Denn weer dat eben Wiehnachten vör een Johr! – Also: In Tokunft kümmt dat Beer wedder ieskoolt op'n Disch, klor?« He grapscht na dat Mettwußbrot un bitt een Stück af.
»Wenn di de Mettwuß nich smeckt, bruukst dat ja nich eten! Weer sowieso beter för di.«
»Woso weer dat beter för mi?« mümmelt he.
»Jeden Abend so 'n Barg Botterbrööd verputzen, dat sett an. Büst du de letzte Tied mal op de Waag ween?«

»Nee, worüm?«
»Du hest ganz schön toleggt.«
»Toleggt – ick? Wo denn?«
»Överall! Aber hauptsächlich an 'n Buuk. Paß blots op, dat du nich so 'n Smeerbuk kriggst as dien Vadder!«
»Nu hool aber mal de Luft an!« Mit een'n Satz kümmt he to Been: »Wo bün ick dikker worrn, hä? Wenn ick will, kann ick den Gördel sogor noch 'n Lock enger maken!« He wiest ehr dat. »Hier, kieck!«
»Ick meen dat doch blots good mit di. Een Mann in dien Öller mutt op sien Gewicht achten! Toveel Övergewicht is ungesund.«
He smitt sick wedder in den Sessel: »Hest noch mehr an mi rümtomeckern, oder weer 't dat för hüüt?«
Se swiggt un knabbert.
»Ick mecker ja ook nich över dien nee'e Frisur«, seggt he na 'n Stoot.
»Nee'e Frisur? Dor loop ick al poor Johr mit rüm.«
»Vertell mi doch nix!«
»Dat mutt ick doch woll beter weten, oder?«

»Na laat wi 't« winkt he af. »Ick wull ja ook blots seggen, dat man över Gesmacksfragen nich strieden schall.«

»Dat du dicker worrn büst, is keen Gesmacksfraag, dat is een Tatsache!«

»Wenn ick mal wedder to Geld kaam, kann ick ja Bodybuilding maken. Aber denn mußt du di ook liften laten, anners paßt wi nich mehr tosamen.« He kieckt ehr nipp an: »Du, mal ganz ehrlich. Wenn ick di so ut de Neegde bekieken doh –«

»Denk dor leeber över na, wo wi de Reparatur vun betahlen schüllt!« seggt se gnatterig. »Vun mien Huushaltsgeld betahl ick de jedenfalls nich!«

»Woto hebbt wi 'n Fachmann in de Familie? Den App'rat bringt Michael wedder in Ordnung – un de ward dorför vun sien tokünftigen Swiegeröllern doch keen Geld verlangen.«

»Wat versteiht Michael denn vun Fernseher?«

»Hett he doch lehrt.«

»Wat?«

»Fernsehmechaniker!«

»Dat weer doch de anner Michael«, verklookfiedelt se em. »Mit den hett Sabine doch al vör 'n half Johr Sluß maakt. De Michael, den se nu hett, is bi 't Liegenschaftsamt.«

»Ogenblick mal! Dat mutt ick eerstmal vör'nanner kriegen! – Schall dat heten, Sabine ehr Fründ heet jümmer noch Michael, aber dat is nich mehr desülbe Michael?«

»Wullt du mi op 'n Arm nehmen? Se weer doch al mal mit em hier, dor hest du em doch sülben sehn!«

»Ja, mag woll – aber ... aber ick heff dacht, dat weer de ole Michael! Kunn ick denn ahnen, dat Sabine sick intwüschen 'n annern Michael toleggt hett? Mi ward ja woll överhaupt nix mehr vertellt, wat?«

Se knabbert, he drinkt ut de Buddel.

»Amennen is dat ja ook bloots een Wackelkontakt«, fangt se na 'n Tiedlang wedder an.

»Glööv ick nich. Ick glööv ehrer, dor hett een an rümfummelt.«

»Wer denn?«

He summt een unbekannte Melodie.

»Meenst du, wenn ick abends na Huus

kaam, heff ick nix Beters to dohn, as an den Fernseher rümtofummeln?«
»Heff ick dat seggt? Ick heff doch blots –« He gluupscht ehr verbaast an: »Wat weer dat? Du kümmst abends na Huus?«
»Bitte?«
»Wenn ick dat richtig mitkregen heff, hest du eben seggt, du kümmst abends na Huus.«
»Ja – un?«
»Aber wenn ick vun de Arbeit kaam, büst du doch jümmer hier!«
»Ja, natürlich! Ick heff ja ook fröher Fierabend as du! Sodra ick afrekent heff, suus ick los.«
»Nu verstah ick gor nix mehr!« He drinkt'n Sluck Beer, schüttelt sick: »Brrr! Piwarm – to 'n Afgewöhnen! – Also – mal ganz langsaam: Sodra du afrekent hest – wat denn afrekent?«
»De Kass, Mann!«
»Wat för 'n Kass?«
Se stellt dat Geschirr tosamen: »Segg mi Bescheed, wenn dien drolligen fiev Minuten vörbi sünd! Ick gah solangen in de Köök.«

»Ick heff di wat fraagt!«
»Op so'n dösige Fragen anter ick nich!«
»Schall ick dat so verstahn, dat du achter mien'n Rüüch een Arbeit annahmen hest?«
»Wat heet hier achter dien'n Rüüch? Dat hebbt wi doch allens gründlich besnackt.«
»Wat hebbt wi besnackt?«
»Dat ick mi 'n Arbeit söken schall, wenn Sabine ut 'n Huus is! Dat ick mitverdeenen schall, dormit wi uns ook mal poor Extras leisten künnt! Dat hebbt wi doch allens lang un breed bespraken!«
»Weet de Düvel, mit wen du dat bespraken hest! *MIT MI NICH!*«
»Aber ick heff hier seten, un du hest dor seten –«
»Wo?«
Se wiest op sien'n Sessel: »Na, dor!«
»Wo du arbeiten deihst, will ick weten!«
»Segg mal, sünd dat de eersten Anteeken vun Gedächtnisschwund, oder hest du warraftig nich mitkregen, dat ick siet den 1. August in 'n Supemarkt arbeiten doh?«

He sackt in sick tosamen: »Dat is 'n Ding!«
»Woso?«
»Mien Froo hett'n Job, un ick weet dor nix vun! – Minschenskind, worüm hest mi dat nich fröher seggt?«
»Heff ick doch!«
»Hest du nich! Glöövst du, sünst harr ick dat Smöken opgeben? Vun sößtig Zigaretten an 'n Dag op Null – dat is keen Klacks, segg ick di!«
Se kieckt in den Aschbeker un is perplex: »Keen eenzige Kipp in! Un ick heff mi al wunnert, worüm de Gardinen nich mehr bruun sünd. – Du, dat harr ick di ehrlich nich totroot, dat du di so an 'n Reemen rieten kannst!«
»Wat bleev mi denn anners över? Enerwegens mööt de hunnert Mark monatlich doch herkamen! Aber wenn ick wußt harr, dat du nu ook verdeenst –« He springt op un birst na de Döör.
»Wo wullt du hen?«
»Zigaretten halen!«
Se stellt sick em in den Weg: »Bitte, doh dat nich! Du seggst doch sülben, wo swaar di

dat fullen is, dat Smöken optogeben! Schall denn allens ümsünst weßt sien?«

»Aber de hunnert Mark betahlt wi vun dien Gehalt – klor?«

»För wat bruukst du denn monatlich hunnert Mark?«

»Segg blots noch, ick harr man leeber brummen schullt!«

»Du leebe Gott!« verjaagt se sick. »Wat hest du denn anstellt?«

»Weeßt wat? Bilütten ward mi dat to dumm! Du wullt mi doch nich wiesmaken, dat ick di nix vun mien'n Prozeß vertellt heff!«

»Prozeß? Wat för'n Prozeß denn?«

»Himmelkrüüzundonnerwetter!« brüllt he. »Wo se mi to dreedusend Mark verdunnert hebbt – wegen Fahrerflucht in Tateinheit mit Trunkenheit am Steuer!« He haut mit de Fuust op den Fernseher. »Üm een hangen Haar weer ick in 'n Knast kamen!« Noch een deegten Slag. »Un dor schall ick di nix vun vertellt hebben?!

De Fernseher geiht wedder.

He lett sick in sien'n Sessel fallen: »Na bitte, wat ick seggt heff.«

Se sett sick ook wedder dal. Beid kieckt fern, he drinkt Beer, se knabbert.
»Wat hest du seggt?« fraagt se biweeglangs.
»Wackelkontakt.«

IRMGARD HARDER

To Kur

Fröher is mi dat jümmers 'n beten lachhafti vörkamen, wenn ik hör, dat Lüüd to Kur fahren deen. Man as mi uns' Dokter sä, ik müß ok nödig mal 'n Kur maken, anners kunn dat nich beter warrn mit mi, dor keem mi dat gar nich mehr so lachhafti vör. Nu bün ik dor aver mit dörch, un ik mutt jo seggen, ik bün heel klöker wedder na Huus kamen, as ik wegföhrt bün. Weer ik dor noch 'n beten länger bleven, denn harr ik wiß ok 'n Praxis opmaken un Dokter spelen kunnt. Jo, soveel heff ik dor lehrt! Ik müß nämli meisttiets mit Lüüd tohoop sien, de jo ok nich to 'n Vergnögen so'n Kur dörchmaken deen – jüst as ik. Man de mehrsten harrn överto noch allerhand anneres dörchmaakt, un dor müssen se jümmerto vun vertellen, bi 't Fröhstück, bi 't Meddageten, op de Bank in'n Kurpark oder wenn se bi 'n Dokter töben deen. Dat leet, as geev dat nix Interessanteres op de Welt as Krankheiten. Un wenn een sien egen Leiden all optellt harr, denn kemen de vun de Verwandten an de Reeg un ok de vun Frünnen un Bekannten. In de eersten Daag kreeg ik dor rein dat Grugen vör. Na, ik weer noch gar nich recht op 'n Damm un harr noog mit mi sülm to doon. Man wo dat nu gar keen Enn nehm mit all de Krankheiten üm mi rüm, dor füng ik an, nipp totohören. Wat kunnen de Lüüd all gelehrt snacken! Wenn ik to 'n Dokter müß, denn seet mit mi jümmers en Fru to töben, de harrn se so 'n künstlichen Knaken in de Hüft insett. So en Operatschoon is 'n bannig kumplizierte Saak; man ik heff so gründli verklaart kregen, wo dat maakt ward – ik glöv, nu kann ik dat ok. Mi fehlt bloots noch de Praxis! Al morgens bi 't Fröhstück vertell mi en Fru jümmers, wat se mit ehr Maag för Sorgen harr. Dor stimm wat mit de Säure nich, dorüm kunn se keen Kaffee un keen Marmelaad verdregen. Bloots Koken eten, jo, dat kunn se goot af. Woso dat nu egentli funkschonieren dee, dat heff ik nich rutkriegen kunnt. Man ik sä jo al, ik bün nich lang noog to Kur west, anners harr ik dat wiß ok noch lehrt.

Un denn bi 't Meddageten! Al vörher överlegg ik mi, wat ik mi woll wedder to de Fru an'n Disch setten schull, de so 'n grote Operatschoon an't Hart achter sik harr. Man dat wüß ik mit de Tiet al utwennig. Ik wull jo ok mal wat anners hören un sett mi lever an den Disch, wo de Lüüd dat mit de Lebber un de Gall harrn. Na, Gall is bannig interessant, mutt ik seggen! Mien füng toeerst jümmers an to kniepen, wenn ik bi Bouillon mit Eierstich to hören kreeg, wat een dor allens mit dörchstahn kann. En Mann harr 'n lütten Gallensteen in't Pottmonnee. Un he kunn sik so bannig freien, wenn de annern Gäst den geern mal sehn wulln. Na, un dat kann villicht nich jedereen af, bi Braatwust un Suerkruut sik ok noch 'n Vördrag över en »rotte Lebber« antohören. Man dor weern jümmers welk, de dat nipp un 'nau weeten wulln un de dor ok noch ehrn egen Semp togeven kunnen. Nett weer dat ok an den Disch, wo de Lüüd düt un dat nich eten dröffen – oder egentli överhaupt nix eten schulln. Se deen dat avers liekers; denn vun wat mutt de Minsch jo leven, nich? Wenn dat to 'n Sluß Schokoladenies mit 'n örnlichen Hümpel Slagsahn geev, denn weer 't düdli to sehn, wo dat slechte Geweten eerst recht Appetit maakt!

Un liekers geev dat jümmers Lüüd, de mit all de Punnen prahlen deen, de se al afnahmen harrn. Ik heff mi jümmers överleggt, wo de woll vörher versteken weern; denn ehr Kledaschen seten jümmers noch bannig stramm; dor harr een ok keen Pund mehr in ünnerbringen kunnt. Man över Diätvörschriften heff ik 'n ganzen Barg lehrt; ik heff bloots nümmer to sehn kregen, wat so'n Diät ok helpen deit.

Nu is dat jo nich so, dat ik bloots wat vun Krankheiten hört heff. Wenn ik alleen op de Bank in'n Kurpark seet un mi vun all den medizinischen Kraam mal utrohn un lever de lütten Vageln tohören wull, denn duer dat gar nich lang, dor sett sik een to mi. Oh, wat heff ik för Geschichten vun heel nette, man ok vun heel dösige Dokters hört! Mal vertell mi en junge Fru, se harr al 'n ganze Reeg Dokters dörchprobeert, un all harrn se dat verkehrt maakt. Du leve Tiet, dat weern jo woll all Schosters west! Ik fraag ehr, worüm se sik denn nich sülven kureert harr, wo se doch allens beter wüßt as düsse Döösköpp. Se harr dor man nich op studeert, meen se, un dröff jo keen Rezepten utschrieven. Ach so ...

Na, wenn ik anner Jahr nochmal to Kur mutt, denn schall mi dat ganz recht sien. Dat ward nich lang duern, un ik kann mit all de Dokters konkureren. Wenn dat so is, as de Lüüd jümmers vertellt, denn is dat jo ganz eenfach.

CHRISTA HEISE-BATT

Laat dat na!

Greten smeet all ehr Paketen op den Footborrn un leet sik in'n neegstbesten Sessel fallen – de Been wiet utstreckt – total kaputt! Se kunn kuum noch jappen.
Nee, dat dee se sik nie nich wedder an. Se weer ja woll noch to redden!
Greten weer den ganzen Dag in Hamborg to'n Inköpen ween. Dat maak ehr ja mehrstiets ok veel Freud, man dit Mal harr se sik doch wiss un wohrhaftig vun ehr Dochter vörsnacken laten, ehr lütt' Enkelin, veer Johr oolt, mittonehmen. Oma un Christina weern jümmers en Putt un en Pann – bet nu!
De Fohrt mit Bus un U-Bahn vun Norderstedt na Hamborg rin, dat güng ja noch. Dat geev soveel to Kieken un de lütt' Christina fraag ehr Oma 'n Lock in'n Buuk.
Se snacken plattdüütsch. In korte Tiet

harrn se in de Bahn 'n Hupen interesseert Tohörers üm sik rüm.

De Lütt wörr ankeken as so'n sövent Weltwunner – Plattdüütsch! ... un en öllerhaftig Fru meen: »Das es das noch geben tut!« Se harrn Möh, sik op'n »Jungfernstieg« ut dat Afdeel to wöhlen.

Baben ankamen, stüer Greten forts op dat »Alsterhaus« to. Se harr 'n Barg to beschikken. Blots Christina, de stell sik dat Inköpen so ganz anners vör as ehr Oma. Överall weer se mit de lütten Poten bi. Greten kunn gor nich so gau »laat dat na!« ropen, denn harr de Deern al wedder wat Nieges tofaten.

Rums! flogen all de Schohkartons, de so fein opbuut weern, dörch de Gegend. »Kind, laat dat na!« japp Greten, un sülvens leet se dat Schoh köpen na – un se harr se so nödig. De Verköpersch zisch wat mang de Tähn dörch un schüttkopp. Greten kreeg ehr Enkeldochter bi'n Arm tofaat un sleep ehr in't Koophuus-Cafe rin – ünner groot Geblarr. As se endlich seten, kreeg se vun'n Nevendisch ok noch »das arme Kind!« to höörn.

Se verhaal sik just bi'n Tass Koffi, dor suus Christina af – speel Fangen – dörch dat ganze Lokaal – un reet, so ganz nevenbi – een vun de Besteckkastens dal.

»Oh nee, Deern, laat dat na!« reep Greten un jachter achter ehr ran. Nix as rut hier. Goot, dat se al betahlt harr!

De Kommentare, de se achterna kreeg, de dröhnen ehr in de Ohren as de Posaunen vun Jericho!

Christina kunn noch so dull quengeln, in de Speeltüch-Afdeelung güng dat nich mehr. Greten harr dat Wichtigste besoorgt un de Rest? ... 'n anner Mal!

As se denn endlich glücklich wedder Heimateer ünner de Fööt harrn, sehg för Greten de Welt wedder 'n beten wat fründlicher ut. Se wull noch gau in den Supermarkt an de Eck wat för sik un ehrn Willi to'n Avendbroot inköpen. Dat harr ehr ja woll de Düvel ingeven! So'n Supermarkt is aver ok vull vun Tücken för Öllern un Grootöllern – man vull Wunner för lütte Göörn.

Je neger Greten sik na de Kass ranarbeiden dee, desto gefährlicher wörr dat. Allns, wat so'n lütt' Minsch geern snopen mag, dat leeg jüst in de Hööcht, dat so'n Lüttjepüttje dor fein ranlangen kann – Verkaufspsychologie nöömt se dat!

Ehr dat Greten sik versehg, harr Christina allns, wat se so geern müch, in den Inkoopswagen smeten. Se kunn dat gor nich so gau wedder trüchleggen, denn keem al de neegste Handvull op ehr dal. »Laat dat na! Laat dat na!« reep se mit ehr letzte Puust. Helpen dee dat nix. De Madam an de Kass keek ehr wat gediegen an: »Soll ich das nun eintippen oder nicht?« – »Nee!« wull Greten jüst ropen, dor harr Christina al de neegste Ladung op dat Loopband smeten. Greten kunn blots noch nickköppen un betahlen.

As se de Deern wedder bi ehr Dochter aflevern dee, kreeg so dor ok noch to höörn: »Mama! Wo faken heff ik al to di seggt, dat Christina nich soveel Sötes eten schall. Dat is nich goot för de Tähn ...« Greten weih mit de Hannen un möök, dat se wegkeem.

Nu leeg se in ehrn Sessel, all Veer vun sik streckt, un beduur sik bannig.

Merrn in de Nacht knuff Willi ehr in de

Rippen un meen: »Wat Schall ik nalaten?« Greten keem sinnig to sik un noch half in'n Slaap brummel se: »Nix, mien Jung, gor nix!« Gott sei Dank! Se weer in ehr egen Bett – ehr kunn nix passeern. Christina ehr lütte Poten weern ganz wiet weg!

AUGUST HINRICHS

Vörnehm un gering

De ol Kluckhenn streek an'n Kruthoff langs, dar weer um disse Jahrstied amenn noch wat Godet to finnen, dach se. Smach harr se nich, se harr sik dägt vullfräten an dat Tügs, dat de Burnfro jeden Dag ut Röben, Kartuffeln un annern Kram tosamenkakte. Nu woll se geern noch wat Leckers ton Nadisch hebben, so'n paar Snau Blomenkohl oder wat dat anners jüst to picken geef. De Tun um den Kruthoff harr Löcker genog, man dat unkloke Volk harr dar noch so'n ol Gitterwark achterspannt, dat se nich dörkunn. De günnen är dat Spier Fräten woll nich, de Giezbüdels, awer dar schulln se nich mit her – bi är nich! Se weer de Klökste un Öllste van dat ganze Höhnervolk up'n Hoff un wuß al to kriegen, wat är tostunn.

Süh dar – up een Stä gung de Draht nich

ganz bet na unnen dal. Dar huck se sik hen un fung an to kleihn, dat de Eer man so achterut stoof – umsunst harr se nich so harte Doorns an'e Föt, dat de annern Höhner är wiet ut'n Weg gungen. Nich mal de Hahn trode sik noch, mit är to fründjen, de ol Bangbucks. Ja, dat Kleihn verstunn se, dat weer man so'n Rups, dar weer dat Lock so deep, dat se dörkunn.

Gluckgluck, gnur se tofräen un gung stolt den Padd langs. Eerst hack se de paar Kopp Blomenkohl uteneen, man de harrn nich den rechten Smack. Denn probeer se so dit un dat un spazeer unner den Rosenkohl langs, wor all de finen littjen Knuppen an seeten, de smecken nich slecht. Mit'n mal bleef se verbaast stahn – een paar Träe vör är stunn een anner Hohn, een frömdet, dat se nich kennte. Un dat hier in ären Kruthoff, wo nich mal de eegen Höhner Verlöf harrn! Nä, so'n Frechheit! »He, du – wat bist du för een?« frog se. De anner anter nich mal, keek är blot minnachtig an un dee so stolt, at hör är Gott un de Welt to.

»Ik frag, wat du för een bist!« sä de Kluckhenn nochmal un trä een Schritt vör, um är bang to maken.

Man de anner leet sik nich bang maken. »Kannst nich kieken?« sä de blot un dreih un wenn sik so'n bäten, dat de anner är recht bewunnern schull. Do seeg de Kluckhenn denn är smucke Klör, dat brunsieden Kleed un de mojen Steertfeddern, un nu wuß se uk, wat för'n Vagel dar vör är stunn.

»Ochso«, segg se, »nu weet ik Bescheed. Du bist jo eene van use verkamen Verwandschup, van de Landstriekers, de to nix in'e Welt dögt, sik blot upspält un anner Lü noch dat Brot wegnehmt!«

»Kannst driest Goldfasan to mi seggen«, segg de anner spitz.

»Goldfasan –« kakel de Kluckhenn fünsch. »Jo Prachervolk kenn ik! Dickdon un anners nix, kin Hoff un kin Garen, alls, wat ji hebbt, öwer'n Steert hungen un nachts nich mal'n Dack öwer'n Kopp!«

»Hebb noch jede Nacht een Dack öwer'n Kopp hatt«, seggt de Fasan, »awer höger un bäter at din! Nich in so'n oll stinkig Kabuff, wo kin Maand un kin Steerns rinschient!«

»Wat versteihst du darvan?« schimp de Kluckhenn. »Dar sind wi god uphaben, sitt't warm un dröge un kriegt morgens foors usen dägden Slag Koorn henstreet – is dat viellicht nix?«

»Todeelt Koorn smeckt mi nich«, segg de Fasan, »ik fleeg leewer fröh mit de Sünn öwer Land un sök mi sülfs, wat ik mag.«

»Un wenn du nix finnst, kannst du smachten!«

»Bin noch nicht dodsmacht, dat süst jo!«

»Man fett bist dar uk nich bi wurrn!«

»Fett?« seggt de Fasan spietsch. »Nä – so gemeen makt wi us nich. Vörnehme Lü holt up Schick!« Un dorbi streek se äre Feddern glatt un legg de Flunken dicht an, dat se noch fiener un smaller utseeg at vörher.

De Kluckhenn, de tämlik wat füllig weer, arger sik nich slecht. »Du un vörnehm, du Smachtlappen, de nix is un nix hett?« gakker se los. »Kiek us an! Wi brukt us nich rumtodriewen, wi sind wat un hebbt wat un läwt at anstännigt Volk hier tosamen up usen Hoff!«

»Wat ji so anstännig nennt«, stichel de Fasan, »ik meen man – twintig Frolü un denn blot een eenzigen Keerl darbi – is dat anstännig?«

Dat harr drapen. »Du utverschamt Wiefstück!« schreeg de Kluckhenn vergrellt, »wulst du vielleicht eenen för di alleen hebben?«

»Wiß will ik dat! Un dat hebb ik uk – den besten, den't up de Welt gifft. Dar kann din ole Kreihahn nich mit!«

Dat weer toväl för de Kluckhenn. Se kunn de Wör gornich so gau rutkriegen, at se wull: »Nununu is't awer genog«, stamer se los, »Rutrutrut mit di, rutrutrut ut minen Garen!«

»Din Garen? Dat ik nich lach!« segg de Fasan. »Dat is min! Dar fleeg ik free ut un in, at mi gefallt un hebb nich nödig, mi dar heemlik at'n Deef unner't Drahtwark rintoslieken – so at gewisse Lü!«

»Werwerwer is hier'n Deef?« schreeg de Kluckhenn, »dududu oder ik? Ik hebb räken darför betahlt – woll dusend Eier hebb ik al leggt! Un dududu – kin een!«

»Vörnehm Lü betahlt nich – de läwt so!«

»Dududusend Eier – is dat vielleicht nix?«

»Nä – dat is Dummheit. Darum dreiht se di up't letzt doch den Hals um!«
»Datdatdat much ik beläwen, mi den Hals umdreihn? Dardardar muß al de Welt unnergahn!«
Se wull noch wieter kakeln, dar mak de Fasan up'n mal: »Pssst – dar kummt een! Duk di gau dal!« Un dorbi huck he sik uk al dicht an'e Grund unner de Blä, dat he bold nich to sehn weer.
»Nu warst du't jo wies, wer hier Recht hett«, segg de Kluckhenn, »ik bruk mi nich to verstäken! Mi draff hier jedereen sehn!« Un se reck ären Kopp öwer de Blä weg, so hoch at se man kunn.
De junge Bur un sin Fro keemen van'n Hoff her. Se harr Arfken up't Füer krägen un wull noch een Handvull Soppenkrut halen, un he harr de Flint öwer de Schuller hungen. De Jagd weer den eersten Dag free, dar wull he doch is sehn, of dat Sonndag nich mal wat anners up'n Disch geef at immer blot Swiensbraten.
Knapp harr de Fro dat Dor to'n Kruthoff apen, dar schimp se los: »Nä – nu kiek is! Hett de ol Düvel van Kluckhenn mi doch

wedder den ganzen Blomenkohl uteneen kleiht! Töw, du Racker – kien Eier mehr leggen un mi den ganzen Garen rungeneeren! Nu kummst awer an'e Kant!«

Se stell ären Mann in't Dor: »Paß god up, dat se mi nich eerst wegloppt. De harr al lang in'n Pott mußt!

»Ik will är woll wahren«, lach de Bur, »un wenn't uk mit Schrot wäsen mutt!« un nehm sin Flint in'e Hand.

Nu de Fro jo up de Kluckhenn los. De harr dacht, wunner wo god se hier anschräwen weer, man nu wurd se gau wies, wo de Sak stunn. Se schreeg un neih ut, eerst den Pad langs, denn dör den Buskohl, denn öwer de Rabatten, un de Fro immer achterher. De Kluckhenn schreeg un kakel, wat se man kunn, un de Fro schreeg un schimp, wat se man kunn: »Du Racker – du Undögt – di schall doch de Dunner slan.« Dat weer'n Larm, dat man sin eegen Woort nich verstunn.

Nu gung't dör den Rosenkohl – brrrrr, flog de Fasan up! De Fro verjag sik, dat se bold henslan weer. Rummmms, baller de Flint los! De Kluckhenn verjag sik, dat se blind gegen den Tun anrenn. Man dar seet se mit'n Kopp in't Gitterwark fast, un wat se uk strampel, de Fro harr se al bi de Flunken. Nu hulp kin Schreen un kin Kakeln mehr, »Du argerst mi nich wedder«, segg de Fro un dreih är den Kopp, bet dat een littjen Knacks geef. Dar weer dat Kakeln ut – ahn dat de Welt unnergung.

»Hest se krägen?« frög de Bur.

»Hebb ik!« segg se un holl de Kluckhenn an de Beenen hoch.

»Ik uk!« segg de Bur un holl uk wat an de Beenen hoch.

»O, wat för'n feinen Fasan!« segg de Fro. »De langt Sonndag jüst för us beide. Denn könt de annern de Kluckhenn kriegen, de is doch al wat tah.«

So keem dat denn uk. De beiden Vagels keemen so up'n Disch, at är tostunn – de Fasan in Speck un schier Botter braen, un de Kluckhenn in Water mit'n Handvull Grönte kakt.

»Junge, Junge«, segg de Bur vergnögt, at de lecker Braen up de Schöddel vör em stunn, »so'n Fasan is doch'n vörnehmen Vagel. Denn kann woll'n König äten!«

Un de annern – dat weern de Deensten up'n Hoff, de in'e Kök eeten – de weern uk tofräen. Höhnersupp is'n feint Sonndagsäten. Man at de Grotknecht sik een van de Beenen ut de Schöddel fischt harr un dat mit sin Tähnen afknabbern wull, do meen he: »Dat mag de Düwel bieten könen – ik nich!« un smeet't unner'n Disch: »Kumm, Polly, du hest bäter Tähnen!« Man dat, meen ik, harr de ol Kluckhenn nich verdeent, wo se doch bold dusend Eier leggt harr.
Dat heet, wenn se sik nich vertellt hett.

HANS HENNING HOLM

Polterabend

As ick in Eiderstedt to doon harr, dor kiek ick abends in't Hotel ok mal in't Blatt rin. Bi de Heiratsanzeigen full mi nu wat op. De Text weer as jümmers, doch bi twee Anzeigen stunn extra ünner: Kein Polterabend. Nanu, dach ick, wat hett dat denn to bedüden? Dat is doch een olen Volksbruuk, de Polterabend, de hört to een Hochtied doch nu mol mit to!
Ick wies mien Macker, de mit mi as Hölpsmaat för een Rundfunksendung op Reisen weer, de doren Anzeigen. He tucks mit de Schullern un sä: »Brauch kann auch in Mißbrauch ausarten.« He vertell mi, datt he laat abends vör sien Hochtietsdag noch mit twee großte Schuvkoarn voll Schiet un Dreck ünnerwegens we'n weer, üm de Husdör wedder freetokriegen. »Kein Polterabend? Ich kann die jungen Leute ver-

stehen und sage nur: Einmal und nicht wieder!« sä he.
Na ja, dach ick, wenn di dat noch mol wedder passiern schall, denn mußt du di je ok irstmal vun dien Fro scheden laten, ehrer du to'n tweeten Mol Gelegenheit kriggst, Polterabend to fiern.
Vun den Nawerdisch her sä nu een Mann to uns röwer: »Ach, entschülligen Se man, awers ick hör dor jüst eben dat Wort ›Polterabend‹. Dor kann ick ok een Leed vun mitsingen. As ick laat in de Nacht bi weer, allens dat wedder bikant to kriegen, wat dor hensmeten worrn weer, dor keem de Tierarzt ok noch an. He harr al ehrer kamen wullt, man dor kunn op'n Bökenhoff een Kalv so slecht vun de Koh afkamen. Na, dat weer je nich wieder slimm, awers dor harr nich väl an fehlt, denn weer ick dör den Tierarzt bald vun mien Brut af kamen, un dat weer leger un neeg dorvör. As ick mit Schüfel un Bessen vör de Husdör rümhantiern dee, dor sä he: ›Na, Reimers, schaufeln Sie sich den Fluchtweg frei?‹ Wi harrn je alle beide al een Lütten in'e Kroon, un dorüm anter ick: ›Nä, Herr Dokter, to't Utnehin is

dat nu leider al to laat to!‹ Wi lachen beide heel vergnöögt, awers dat Lachen schull uns bald vergahn. Rums! klung dat.
Mien Brut harr dat allens mit anhört un in'n verkehrten Hals kregen. Se weer insnappt, un – rums – leet se de Dör ok in't Slott snappen. Gott sei Dank bloß fief Minuten, denn ick bün nu al sowat an de twintig Johr mit ehr verheirat. Na, nix för ungoot! Prost!«
De Tierarzt weer bi Reimers sien Polterabend denn je wull as bösen Geist to Gast wesen, obschoons na den Volksgloben ans je de Larm, dat Russeln un Rasseln, dat Klötern un Klirren, de bösen Geister jo jüst verdriewen schall. Männig Lüd denkt awers ok sach: Woto irst den wieden Weg na de Schietkuhl maken, wenn een den ganzen Krimskraams bi de Gelegenheit vun een Polterabend ok in't Düstern bequem op'e Nawerschopp loswarrn kann! De Brögams sitt dor denn naher mit an, un Fritz Reuter lett al vör öwer hunnert Johr een vun jem schimpen:

»Meinst du, ick will mien Brut tau Ihren een Trödelladen etablieren?!«

An düssen Vers möß ick güstern denken, as ick in de Gegend vun den Sternschanzenbahnhoff in Hamborg vör een Rummelladen stahn dee, de mit ole Pütt un Pann, mit bruukte Möbeln un Husstandssaken hanneln deit. Merrn mang den bunten Backbeernmoos hungen Plastikbüdels mit tweie Tassen, Glöös un Schötteln. Op een Zettel stunn: »Polterabendglas! – Beutel: 2,– Mark.«

Süh an! dach ick, is doch wull so: Scherben bringen Glück – jedenfalls för den, de dat kaputte Glas an'n Mann to bringen weet. Twee Brutpoarn in Eiderstedt hebbt je nu düt Geschäft vermasselt un in't Blatt wahrschaut: Kein Polterabend! Awers Eiderstedt liggt jo wiet noog vun Hamborg weg, üm den Plünnkerl dor nich den Schörenhannel un sien Polterabendsplastikbüdelkundschopp nich den Spaß un dat Vergnögen to verdarben. Dat gifft doch wull öwerall in Stadt un Land noch een Barg Lüd, de mit Lust un Freid Polterabend fiern doot; de Last un den Arger mit den leidigen Mülltransport to nachtslapen Tiet hebbt je ok man ganz alleen de poar armen

Brögams. – Wenn jem dat trösten kann, will ick to'n Sluß noch vertellen, wo mi dat domals gahn is. Ick maak de Husdör apen, bekiek mi irst den hogen Schietdutt, naast de välen schadenfrohen Gesichter rundüm un sä denn seelenruhig: »Na, wenn de Lüd mi mien ganz Tietsleben nix anners vörtosmieten hebbt, as dat hier, denn will ick mi allens dat, wat *hier* liggt, girn gefallen laten.«

RUDOLF KINAU

Reken

Oach, ne, dat ool dösige Reken! Wonem dat woll herkommen is –? Uns' Schoolmester hett uns mol vertellt: Doar wür freuher mol 'n grooten Ries' wesen, de harr »Adam« heeten, un de harr sick dat all utdacht. Ober ick weet ne, düsse ool Adam de hett sick doch al gliek dat ierste mol – bi den een'n Appel – den he sick mit Eva deelt hett – ganz bannig verrekent.

Uns' Schoolmester, meen ick, kunn dat beter, de kunn doar bannig mit ümspringen – mit de Talln! Dat Tohooptelln – un dat Molnehmen un dat Dördeeln – dat flutsch man all so bi em. – Blooß bi dat scharbe Nodinken, – doar käm he af un an ook mol bi to Blocks.

Eenmol – weet ick noch – do wull he uns dat Tohooptelln bibringn. Un do seggt he to Julus Beehnk: »Julus, paß mol up! Wenn hier nu dree Eier up 'n Disch liggt, dree Stück, – un ick legg doar noch twee Eier bi, – wuvel sünd dat denn?«

»Oach, Unkel Krüger«, seggt Julus. »Du mokst jo man blooß Spoß! – Du kannst jo goarkeen Eier leggen!«

Un eenmol bi 't Molnehmen – freug he Hannis Roopers: »Hannis, wenn een Ei fief Minuten koken mütt, bit dat goar is – wu lang möt denn woll teihn Eier koken?« Un as Hannis doar up rinfalln dä un sä: »Föftig Minuten!« Do lach de Schoolmester em wat ut. Un denn sä he to uns: wi schulln uns mol sülben sowat utdinken un schulln em ook mol wat frogen. – Un do heul Peter Niemann den Finger hooch un sä: »Wenn de groot Woermanndamper »Windhuk« hunnerttwindig Meeter lang is, un dörtig Meeter breet, un geiht söben Meeter deep, – wu oolt is denn de tweete Stüermann an Bord?« Un do lach de Schoolmester, un meen: dat leet sick ne utreken, un dat kunn jo ook nüms weten. – Un do seggt Peter: »Doch, dat lett sick licht utreken: De 2. Stüermann is 42 Joahr, un heet Paul Niemann – un dat is mien Vadder!«

Un denn hullt Klaus Külper den Finger hooch un seggt: »Wenn dat in Cuxhoben Floot is, un dat Woter stigt in een Stünden – fief Foot, – wu hooch stigt dat denn in teihn Stünden?« – Ober doar wull de Schoolmester ne up bieten, – teihn Stünden Floot – in een Tur – dat geef dat ne.

Un denn käm Jochen Lanker mit sien'n Arm toheucht: »Wenn 'n Pund Botter in de Stadt dree Mark köst, – wat krigt de Buer up de Geest denn woll vör 'n grooten Wogen vull Steckreuben?« – Un do lach de Schoolmester wedder un meen, dat leet sick ook ne utreken. »Ober ick weet 't«, seggt Jochen. »Ick hebb dat al 'n poar mol seehn, wat he vör son Wogen vull Reuben krigt! Twee Peerd krigt he doarvör, – an's kummt he jo ne wieder!«

Un denn wüß Hinnik Meier noch wedder wat: »Wenn de een Klock fief Minuten to frooh geiht, un de anner geiht teihn Minuten to lot, – wannihr sleit denn woll de richtige Klock söben?« – Ober dat harr de lütt Willi Mees denn gliek rut un reep: »Genau Klock söben sleit de richtige Klock söben!«

Un denn füng de Schoolmester wedder an, un wull de grooten Jungs dat Deeln un dat Bruchreken bibringen. Un do seggt he to Jonni Rübck: »Jonni, wenn du 'n Wust, 'n scheune lange Mettwust – veermol dörsnieden deist, – wu vel Deel hest du denn?« –

»Denn hebb ick fief Deel!« seggt Jonni Rübck.

»Nee, Jonni«, seggt de Schoolmester, »hör doch mol richtig to! Wenn du 'n Mettwurst veermol dörsnieden deist, –?«

»Denn hebb ick fief Stücken!« seggt Jonni. – »Denn – de letzte Tampen is doch ook noch 'n Stück!«

»Jo, wahrhaftig!« seggt de Schoolmester. »Jonni hett recht! Noa, denn lot de ool Wust! – Denn nehmt wi mol wat anners! – Denn nehmt wi mol –?«

»'n Pannkooken!« seggt Jonni, – de much he so bannig giern.

»Good«, seggt de Schoolmester. »Dink di mol 'n Pannkooken – 'n feinen heeten Pannkooken – de ligt doar so vör di up 'n Disch up 'n Tüller. Kannst du di dat dinken?« – »Jo, kann ick mi good dinken«, seggt Jonni un lickt sick al mol üm 'n Boart.

»Noa jä«, seggt de Schoolmester, »un nu paß up! Nu nimmst du 'n groot Mest, un snittst den Pannkooken so verdwaß dör. Wat hest du denn?«

»Denn hebb ick twee halbe Pannkooken«, seggt Jonni, un sluckt al mol leddig dol.

»Fein!« seggt de Schoolmester. »Un nu snittst du de beiden Halben noch mol wedder so verdwaß dör, ganz ober 'n Tüller weg. – Wat hest du denn?«

»Denn hebb ick vier Viddel?« seggt Jonni, – un langt in Gedanken al no de Gobel.

»Good! Jo! – Un nu paß up! Nu snittst du jedes Viddel noch mol dör! – Wat ward denn?« – »Denn«, seggt Jonni, »denn ward dat ober ook bald Tied, dat ick an to eten fangen do, an's ward mi jo de ganze Pannkooken koolt!«

HEIN KÖLLISCH

Des Sängers Fluch

Dor stunn in ole Tieden,
nu sünd se lang vergohn,
een wunnerscheune Weertschaft –
dat weur een Destlaatschoon.
De Weert, dat weur so 'n Dicken,
so rund, as wie so 'n Fatt,
sien Froo so dünn un slatterich –
Dat weur de reine Latt!

Op een scheunen Sünnobend-Obend
koomt no de Weertschaft rin
twee sogenannte Künstlers,
de leben von Klim-Bim;
de een, dat weur so'n jungen,
von Wuchs recht slank un eben –
de anner, bedüdend oller,
dat weur so 'n lütten Scheeben.

De Junge weur een Sänger,
he kunn ok prachtvull fleiten –
de annere speel Gitarre,
de muß nämlich begleiten.
He stimmt ok glieks de Saiten,
de Klang weur ganz famos –
erst drunken se een Kognak,
un denn leggt de beiden los!

De Jüngling singt recht schmelzend:
»Ach, wie ist 's möglich dann!«
»Du hast die schönsten Augen!«
– un kiekt dor de Weertsch bi an.
Denn keum de Schunkelwalzer …
so prachtvull, wie noch nie!
To 'n Sluß – »Die schöne Berta«
mit 'n Sack vul Tüütletü!

De Gäst, de schree all: »Bravo!«
Frau Wirtin, ganz entzückt,
de schunkelt ok in Gedanken,
wobi se zärtlich nickt.
»Ji Pannkoken-Muskanten!
Verfeuhrt ji mi mien Oolsch!?«
De Weert, de roppt dat wütend,
de Kerl weur rein katholsch.

»Ji Lumpen, Vagabunden!
Ji Bande, wüllt ji rut!«

De Weert ward ümmer füünscher –
wat bebert em de Buuk!
He kriggt jem foorts bi 'n Wickel
un ehr se sick besunn'n –
hebbt sick op de Stroot de beiden
in'n Rönnsteen wedderfunn'n!
Den een', den jungen Jüngling,
den meuk dat wieder nix –
den annern, den lütten Scheeben,
platzt achtern op de Büx.

Sien Gitarr nimmt he nu wütend –
un denkt bloß: – Wie gemeen!
Dicht bi denn, an so 'n Lüchtenpahl,
haut he se kott un kleen.

Nu stellt sick vör de Weertschaft
de Lüttje mit den Knuust
un schimpt: »Kumm rut, du Buttje!«
un droht em mit de Fuust:
»Weh dir, du dicker Flegel,
Köömkoker! Fleegenweert!
Uns Künstlers ruttosmieten,

hest nich umsünst probeert!
Du Streumer, jo, du loppst ok
noch mal op Schrubbers rum –
Elendig sallst krepieren
du an'n Delirium!

Dien Weertschaft, de Spelunk hier,
sall jämmerlich vergohn –
dien egen Gäst süllt hau'n di
de Knoken krumm un lohm!«

De Lüttje hett dat ropen,
un so is't ok passiert –
De Gäst, de hebbt de Weertschaft
ganz grässlich demoliert!

De dicke Weert, de wimmert
halvdoot rum in de Puuch –
so hebbt se em vertimmert …

Das war des Sängers Fluch!

ROLF KUHN

Arfensupp bi Karstadt
(Een Geschicht ut Hamborg)

Dingsdag is't, een Dag in Sommer;
Oma sitt in ehre Kommer,
doch dat Alleenween hett se satt:
Se will nu mit de Bohn no Stadt.

    Se jumpt ok los, no Hamborg hin;
    De Utverkoop stickt ehr in Sinn.
    Vör den Bedriev is se nich bang:
    Se söcht un wöhlt dor stünnenlang.

Bi Karstadt will se denn wat eeten;
Ehr knurrt de Mogen al so'n beeten.
Se drängelt sik no'n Tresen hin,
köfft Arfensupp mit'n Bockwuss bin.

    Mit ehr Supp, recht hitt un frisch,
    sett Oma sik an nächsten Disch.
    Mit Bockwuss is dat nu jo so:
    Dor hört ok Mostrich noch dorto!

An Tresen steiht de Mostrichputt.
Oma holt sik gau 'n Dutt,
un as se trüchkommt, gor nich lang,
is eener bi ehr Supp togang!!!

    Een Farbigen, wer weet woher,
    löpelt Omas Teller leer,
    ganz genüßlich un in Roh! –
    Un Oma kiekt em sinnig to.

Denn se meent as Doom vun Welt:
De arme Kerl hett wiß keen Geld
un grooten Hunger al siet Dogen. –
Man ok ehr knurrt bös de Mogen!

    Se geiht an Disch noch neeger ran
    un pliert den Teller ümmer an:
    Un schwupp-di-wupp mit flinke Hand
    treckt se de Bockwuss sik an Land!

Den Mostrich hett se ganz vergeeten,
blots een, twee, dree de Wuss opeeten.
Denn schuult se röber no den Mann.
Un lacht em nett un fründlich an.

Ok he lacht Oma fründlich to
un löpelt wieder ganz in Roh.
Un as de Teller blitzblank leer,
holt he vun Tresen twee Glas Beer.

Eent drinkt he, un dat, wat över,
schüfft he lies no Oma röber.
Oma strohlt un is ganz baff;
De anner grient un seilt aff. –

    Oma denkt noch düt un dat
    un föhlt sik gor nich richtig satt.
    Noch een Supp will se sik holen
    un söcht dat Lüttgeld ton Betohlen.

Du leeve Tied, de Schreck is groot!
Nu sitt Oma bös in Noot!
Se stukert wütig in ehr Hoor:
Ehr Handtasch is mit mol nich dor!!!

    Se kiekt sik üm un mookt sik risch
    un süht ehr Tasch an Nebendisch.
    Ehr Arfensupp, un dat is wohr,
    mit Bockwuss bin' – steiht ok noch
       dor!!!

Un wat lehrt uns de Geschicht?
Dat, wat man glövt, dat stimmt oft nich.
Man mutt ok anner Minschen traun
un jüm nich glieks de Bockwuss klaun!

BOY LORNSEN

Sinfunikunzert

»Mann in de Tünn«, see Kuddel Swatt,
»in so'n Kunzert beleevst du wat!
Negen Mark fööftig för't Bilschett.
Dorför sitts'denn ok Parkett,
klabasterst di mang all de Been,
petts de Froonslüüd op de Töhn,
un sühst'n Platz, de noch vakant,
plants du dien Mors in rooden Samt.
Dat jaul un gnurr un jiep
un fleut un tuut un piep
as büst mang Ossen, Göös un Swiens:
Se stimmt blots ehr Musikmaschiens!
Fief Minuten duur dat Spill,
denn ward dat doodenblackenstill.
To'n Verpusten kriggst keen Tiet:
De Sool ward düüster: is so wiet!
Nu kümmt so'n Mann, so'n lütten Griesen,
in'n Frack mit blanke Biesen,
witte West un swatte Fleeg,

hölt den Kopp so'n beten schreeg,
jumpt mit'n Wuppdi op't Podest,
treckt'n Knüppel ut de West
un fummelt mit dat dore Deert
in'ne Luft rüm. Wat passeert?
Düsse hunnert Mann Musik
sitt op hunnert Stöhl un kiekt
nu piel op sienen Arm.
Un wat denn? Denn mookt se Larm!
He wiest je glieks op düsse Fiedeln,
de fangt je düller an to gniedeln.
Un ok de Trummeln kriggt he ran:
De een mookt bumm! de anner bamm!
dat dat in'ne Ohren dröhnt,
un se hebbt ehr Geld verdeent.
Denn is dat Waldhuurn an'e Tour
mit so'n Solo in F-Dur,
un de Baß un de lütt Braatsch
brummt furts achterno: ritschraatsch!
Bi de Trumpeten sitt'n Uhl:
De dor'n Öös sünd em to fuul,
un he grabbelt mit de Hannen,
un nu tuut se sik toschannen.
Ok de Fleuten mutt he rüffeln.
De koomt gau in de Pantüffeln
un jiept un piept nu ok ehrn Deel.

He winkt af. Ward em toveel.
Nu purrt he sienen Finger
op de Klorinettendinger,
un de Keerls sünd wull vergräzt.
Se swiegt still. Wat deiht he jetzt?
Nu kriggt de Schellnboom so'n Wink,
un de mookt dreemol pingeling.
Nee, wat mutt de Mann sik quälen,
üm'n Stunnstiet to krakeeln.
Man so is dat in de Welt:
Deihst du nix – kriggst ok keen Geld!
Süh! Nu geiht woll op den Rest.
Em löppt de Sweet henlang de West,
un de Finsterschieven klirr,
so smiet de Lüüd sik in't Geschirr,
denn de heelen hunnert Mann
haut to'n Sluß noch mol'n Slag ran:
Un de Trummel rummst un rummelt ...
Un de Brummbaß brummt un brummelt ...
Un de Vigelinenbengels
swenkt de Arms as Pumpenswengels ...
Un de Klorinetten jachtern ...
Un dat Waldhuurn juucht vun achtern ...
Un de Fleuten zackereert ...
Un de Braatsch, de raatscht verkehrt ...
Un de Pottendeckel klötert ...

Un de lütte Trummel rötert ...
Un de Trumpeten gröölt as dull ...
Hett he de Nees denn noch nich vull?
Wat mookt he nu denn noch för'n Töög?
He neiht den Knüppel in de Hööcht
un denn hendol mit letzte Kraft.
All swiegt still. He hett dat schafft!
He dreiht sik üm. He mookt sien Bücklings.
Un achter em, so'n beten trüchlings,
geet de Trumpetenkeerls, nich fuul,
de Spiech ut dat Trumpetenmuul.
Denn kümmt so'n lütte, sööte Deern
mit roode Rosen för den Herrn.
Un denn ward applodert.
Dat is Sinfunikunzert!«

DIRK RÖMMER

Riederfest in de Fesen

›Riederfest‹ in de Fesen. De Hürden sünd opstellt. Nich allto hoch, wegen de Peerd sunsten ok nich so hoch springen mööt. Sünd je meerstendeels Ackerpeerd, de in jüm ehren Alldag öber'n Acker schickt ward. De pleugt un eggt un de groten Wogen tohuus feuhrt, wenn Hau or Koorn, Runkel- or Steekreuben infeuhrt ward. As Futter to Winter, wat noch op'n Böön stookt warrn mutt or in de Miet inlogert.

Se hebbt stebige Been, nix vun Araber an sik. Man eenmol in't Johr ward se smückt, kriegt den Steert flochten, de Mahn mit bunte Bänner in, de Sodel festlich, ok de Rieder mit Zylinnerhoot un in vulle Wichs. Denn is dat sowied: Dat Riederfest vun den ›Reit- und Fahrverein Kirchwerder‹ is ansett!

Bi Hein Reimers op'n Hitscherbarg is ›Start und Ziel‹. Dor stoht ok de Rööd an de Huuswand. De vun ›RV Hansa‹, den Kunstfeuhrvereen, de bi Hein op'n Sool Radball speelt un allerbest Kunststücken moken kann. Dat is ober eerst för dat Festprogramm no dat ›Reit- und Fahrturnier‹. Manfred Lütten speelt dor mit un Hans Reimers. De hebbt sogor al in Belgien speelt, dat Mekka vun'n Radball.

Ok de annern Rööd stoht noch an de Wand un snorkt in'n Droom, vör se mit't Mol wook ward un los geiht't.

Nu stellt jo vör, woans dat aflöppt: To jeedeen Mannschop heurt dree Mannslüüd. Twee feuhrt Rad un een sitt op't Peerd.

Bi Hein smitt sik de eerst – mol seggen, dat is Dieter Gladiator – de smitt sik op't Rad, de Tied ward nohmen un af. Den Wogenweg dol, öber'n Dweerweg weg, wedder den Wogenweg dol no de Fesen.

Dor teuvt de Peerd. An Dieter sienen Arm hingt een Staffelholt, wat he an den Rieder wiedergeben mutt. Dat Peerd kummt inne gangen mit'n Klaps op'n Moors un Willy Lütten suust de Fesen langs no de Kark to

un springt mit sien Lotte över de Hürden.
An jeedeen stoht een poor Macker un geevt de Punkten. Kiekt, wat een Stangen fallt or dat Peerd keen Lust hett un stohn blifft, wegen dat dat doch nich wennt is mit dat Springen! Twee Lüüd leggt de Stangen wedder op, wenn wat dolreten is.

An't Enn vun de Stroot, dor, wo dat in'n Heerweg ringeiht, dor bi'n Karkhoff bi Hein Otten vör't Huus gifft Willy dat Staffelholt an Hein Hüüg, eenen Radfohrer, wieder, un de pedd in de Pedolen, wat dat man so qualmt, wat he wedder no Hein Reimers kummt.

De Tiednehmer tellt de Tied vun de beiden Radfohrer un dat Peerd tohoop un dat gifft de Tall för de Mannschop. Un för den Sieger.

Kloor, wat een Sieger ward. Un'n Kranz ümhingt kriggt, eenen Siegerkranz.

All de olen kaisertruen Veerlanner süngen dinn an'n Leevsten ›Heil dir im Siegerkranz‹!

Noch is't ober nich so wied. Wi stellt uns nu mol bi de Tokiekers mit hen.

Sünd mehr komen as letzt Johr, wegen dat

Wedder do eenfach to schetterig weur. Recht een poor hunnert kann ik sehn.
Se stoht an'n Wall vun de Fesen un wöllt meuglichst dicht an de Szene ran.
De Stroot is noch so'n olen Slackenweg, wo du ok allerbest Kibbel-Kabbel spelen kannst.
Jümmer, winn een Rad bi Hein Reimers losfeuhrt is, ward dat öber Telefon no de Fesen melldt. Dinn weet de Tokiekers an de Stroot, wat ok glieks een Peerd mit Rieder to sehn gohn ward.
Un dor heurst du ok al dat Bölken. De Lüüd sünd an't Ropen un Andrieben, wat de Krack een beten gauer togangen kummt. Hermi Reimers sitt in'n Sodel un pietscht un pietscht. Ober sien Wallach Eberhard is fuul, is woll ok wat old, kummt nich recht vun de Steeg.
Dat Pietschen helpt nix. As so'n Panzer brickt dat Peerd dör de Hürden, rüümt allens af, wat opboot is. Un de Froonslüüd an'n Wall juucht un sünd meist bang, wat jüm 'n Stück Holt an'n Döötz ballert, so geiht de Wallach to Kehr.
Hermi mookt eenen Anti-Hürden-Lauf.

As weur dat een heel nee Disziplin, wo he mitmoken deit.

Kiek, nu blifft Eberhard heel un deel stohn. Will blots noch deep pleugen un dör dat Ünnerholt breken. Dat gifft wedder dree Punkten för ›Verweigern‹. De Stoofpunkten kannst meist nich mehr tellen.

Ober Hermi hett nu Zickenbuer op't Rad, de is gau. Un de kann dat för em nochmol rutrieten un ümkrimpen. Nu hett Hermi dat schafft un em dat Staffelholt wieder geben ...

In de Paus koomt de Klookschieter to Woord. Kloor, wat wi hier blots Facklüüd versammelt hebbt!

Se weet, woso Wallach Eberhard so slecht jumpt is, kunnst ok: gor nich! seggen. Se weet, wat Gustav Puttfarken veel beter rieden deit un ok veel mehr euvt hett. Hermi hett dacht, he kann dat ohn Euben henkriegen un nu harr dor een Uul seten.

Gustav is de Neegst. Dor achtern stofft dat al. Is een dreugen Dag vundoog un de Slakkenweg is al so'n beten opkleuvt.

Dor is Gustav al. He is meist duppelt so swoor as Hermi, kummt ober liekers leifig öber de Hürden. Hett tohuus eenen Riedstall un Peerd vun anner Lüüd bi sik in stohn. Dit ober is Rita, sien egen Peerd. Un dat hett bet herto noch keenen Fehler mookt. Nix afsmeten. Een wunnerbore Leistung!

Gustav sitt ok wat stolt in'n Sodel. Jümmer, wenn he wat dichter an een Hürde ran reden is, gifft he de Sporen, ward gauer un mit eenen ›Juub‹ koomt Peerd un Rieder röber.

De Hürden hier kannst nich verglieken mit de bi't Düütsche Derby in Flottbek! Nich mit ›Pulvermanns Grab‹ un allens sowat Godes. Dit hier is ›Kreisklasse‹. Man, uns langt dat ok.

Nu noch twee, dinn sünd se all dör! 15 Mannschaften hebbt mitmookt. Dat heet 45 Lüüd un 15 Peerd hebbt sik afmaracht, sweet un insett, wat dat Riederfest ok dit Johr wedder een Dag ward, den du noch langen beholen deist.

Is ok bald rut: Gustav Puttfarken hett wunnen. Mit sien Rita. Un de beiden Radfohrer Hermann Timmann un Waaler Eggers. Se schöllt noher op'n Sool bi Hein

Reimers ehrt warrn. Dor loot wi jüm alltohoop hoch leben.

Dinn schall noch'n beten vörfeuhrt warrn: Radball toeerst un'n beten Kunstfeuhren. Allens vun den ›RV Hansa‹. Ok de Ledertofel ›Germania‹ is mit bi, de vun Waldemar Renner, den Discher, günnndt wöör. De singt twee Leder in't Festprogramm. Un dinn is Riederball.

Jo, dat heurt dor mit to. Bet an'n freuhen Morgen ward scherbelt, drunken, eten, or eerst eten un dinn drunken. Ober Hauptsook: drunken. Un danzt. Bet nich blots dat Jackett öber'n Stohl hingen deit. Disse ›Marscherleichterung‹ is al no'n Viddelstünn anseggt. Nee, bet du ok dat Himd un allens utwringen kannst.

Un sungen un gröölt ward: ›Du kannst nicht treu sein! Nein, nein, das kannst du nicht!‹

So recht kaputt schallst du an'n Morgen tohuus scheten. Un winn du twüschendör mol to Grund komen deist, mookt dat ok nix.

Riederball un Riederfest is blots eenmol in't Johr. Dat muttst du utnutzen.

›Düütschen Obend‹ hebbt wi eerst in twee Weken. Un Füerwehrball duert noch dree!

In de Fesen stoht de Hürden noch de ganze neegste Week. Denn koomt de Peerd, de mit sprungen hebbt, mit ehren Wogen un allens ward wedder oplood, kummt in't Loger.

De Löcker un Kulen op den Slackenweg vun de Fesen sühst du noch wat linger.

Un du hest de Biller noch frisch vör Ogen un behöllst de ok: Hermi brickt dört Unnerholt un Gustav jumpt op Rita.

Riederfest in de Fesen!

GERD SPIEKERMANN

Us lüttje Oma

Wenn ick an mien Kinnertiet denken do, denn koomt mien Gedanken foors up mien Oma. Dat weer man 'n lütt Minschenkind, nich veel gröter as ick mit tein – twölf Johr ween bün. Ick besinn mi noch as vondogen up den Dag, as se sestig wurd. Dor kemen all de Verwandten antoreisen, un dat gung dor hooch her domools. Unkel Jan, de arme Sloof, dat weer de öllere Broor von mien Oma, de keem sogor von't Rheinland her. He kunn den Sluck nich goot verdrägen un wurd dor denn alltiet so trorig von. Dat eenzige, wat he denn noch rutbroch, weer:
– Dat ick dat noch beleven drööv, dat ick dat noch beleven drööv!
De annern harrn ehr Last, em denn wedder 'n beten uptomuntern. Mien Vadder leet denn Oma to'n ick-weet-nich-woveelten Mol hoochleben.

– Oma! Wenn wi di nich harrn!
Un dor up hen kreih Tante Bertha ut de anner Eck:
– Denn weern wi vondoog seker nich hier!
Un denn verloor Unkel Jan for'n Ogenblick sien Trorigkeit, man as he dor denn ook wat to seggen wull, keem bloot sien:
– Dat ick dat noch beleven drööv!
Gott, wat hefft wi dor all över lacht, bold nich inkriegen kunnen wi us.
Bloot een von de vergnöögde Sellschup lach nich, un dat weer mien Oma. Se seet dor wat duuknackt in ehr Stuvensofa un keek sick dat Spillwark still mit an. Woso weer se nich vergnöögt? Dat weer doch ehr Dag, se weer doch de Hauptpersoon. Man se sweeg un seeg ut, as of se freren dee. Dor bi harrn de Sluck un de Zigarren so in de lüttje Stuuv inbött't, dat de annern al de Finster openreten harrn.
Vondogen ahn ick, wor se so still um weer.
Denn as disse Dag vorbi weer, gung dor wat Sunnerbors mit us Oma vör sick. Se wurd no un no lüttjer. Se schrumpel bi lütt-

jen tohoop. De Schorten un Kleder fungen an, up de Grund to sluren, de Schoh wurrn ehr to groot, un kien Hoot wull ehr mehr passen. Man dat weer nich so slimm, denn mien Suster, de ja twee Johr junger is as ick, schoot do just so recht up. Ut dat Tüüg, wor se rutwassen dee, dor muß mien Oma do wedder rin un kunn dat fein updrägen. Up dit Rebett harrn wi so, Gottloff, kien Last von ehr. Vadder un Moder sproken dor ook over, of se nich is mit Oma na'n Doktor gohn schullen. Dat weer doch woll nich normol, wenn een Minsch so biklappen dee. Man Oma harr ja nu kien Keelt, se kloog nich un von Doktors, dat wussen wi, dor holl se nich veel. Un so weer ook disse Sorg gau utstohn.

Us Oma gung nu von Moond to Moond mehr in sick tohoop. Bold weer se nich mehr veel grotter as so'n lüttje Popp, mit de mien Suster fröher speelt harr. Un so leev se mit us tohoop. Se weer so lütt, dat se us twuschen de Benen dörlopen kunn, un wi mussen us wohren, ehr nich umtorönnen oder ehr plattopetten.

Ick weet noch, wo wi ehr männichmol

överall socht hefft, wenn wi ehr al siet Dogen nich mehr sehn harrn. Denn funnen wi ehr in 't Kökenschapp twuschen de Kookpotten, mol weer se in'n Keller ronnt un harr dor al Stünnen in'n Düüstern seten. Un eenmol harr mien Moder ehr in'n Köhlenkasten inspeert, ut Versehn versteiht sick, man dat weer in'n Augustmoond un dor ward ja nich bott't. Oma keek teemlich benaut, as se dor no goot annerthalf Dag wedder ruutkeem.
Wat so ole Lü all anstellt!
Un denn keem de Dag, wor us Oma von us gung. Ook dat weer wedder so'n mallen Tofall. Von de Gemeende ut wurd mol wedder dat Speergoot afhoolt, un ick weet vondogen noch nich, wo se twuschen all de Kartons, de tweien Stöhl, kort: twuschen all dat, wat wi nich mehr bruken kunnen un wat doch bloot in'n Weg stund, wo se dor twuschen rookt is. Wi hefft dat eerst 'n poor Dag loter markt. Wat hefft wi socht in't Huus, ünner Disch un Stöhl, in Schappen un Korven, ook achter dat grode Chaiselongue hefft wi keken, un Vadder is sogor noch wedder in'n Keller ween. Narrns

weer se to finnen. Un do wurd us klor, se kunn bloot mit dat Speergoot von't letzte Quartol weggohn ween.

Un so ward dat Söken instellt. Dat weer ja nu klor, wor se afbleven weer.

Versteiht sick, dat wi dor ook över snackt hefft, of wi up den Schuttplatz noch is nokieken schullen. Man dat muchen wi denn doch nich doon. Amenn harr Oma dat ja sulvst so wullt, un ehr weer dat seker gor nich recht, dat wi do so'n Upstand um moken deen.

Un den letzten Willen von sien egen Oma, den mööt een ja woll achten.

Ook, wenn't man 'n lüttje Oma is.

OTTO TENNE

Dat Waterwiev

Dat wär, as wi domals mit de »Hammonia« vun Mexiko trüggkämen un de grote Ladung Klapperslangen an Bord harren. To de Tiet müß ja jede Buer so en Beest hebben! He nähm de Slang mit rut up dat Roggenfeld, bünn' ehr mit den Stert an 'n hölten Pahl un leet ehr düchtig klappern; denn verfeeren sick de Vageln un güngen nich an dat Korn.
Na, dat man blots so blangenbie.
Dat wär en geruhig Leben an Bord. Wi harren schön Wetter un den Wind vun achtern. Ick wär noch en jungen Kerl un mök as Stüermann mien erste grote Reis. Domals harr ick dat noch nich so mit den Rhismorasmus, ick wär bannig up Draht; Eten un Drinken smeck mi – un slapen kunn ick as en Rott. Wenn ick keenen Deenst harr, kröp ick al fröh to Koje un

slöp bet to 'n annern Morgen as en Bor in 'n Winter.
Ick harr wedder mal so schön fast slapen un wull an 'n Morgen ut de Puch krabbeln: do säh ick – de ganze Fotbodden wär quatschnatt, so as harr dor een düchtig mit den Feudel langswappelt. Ick röp den Jung un frog em: »Hest du hier al upwischt?«
»Nee!« sä' de Jung.
»Dat is ja gediegen!« meen ick, »is doch allens natt ünner de Föt?«
»Tjä, dat weet ick ook nich!« sä' de Jung.
An'n annern Morgen is dat wedder so natt, un Moses wär ook dütmal nich in mien Kamer west. »De Sak geihst mal up 'n Grund!« dach ick un bleev densülbigen Abend wak un luer, wat dor wull rumspökel. Man up 't letzt fullen mi de Oogen doch wedder to un ick slöp in. An'n annern Morgen is de Fotbodden wedder klöternatt, un Moses wüß von nicks.
Nu würr mi dat krupen.
Ick sä' to uns' Smuttje: »Smuttje!« sä' ick, »vun abend kakst mi mal 'n schönen Putt Kaffee, aber 'n goden, hörst?«
»Ja!« sä' de Smutt un stell mi an'n Abend

recht so 'n dicke Kaffesupp hen so stief as
Swattsuer. Ick slapper ehr ut un töv af.
Nu bleev ick je wak. Un wat meent ji – to
Merrennacht güng liesen de Dör apen un
en Waterwiev slieker sick dor rin ...
Ick heff ja al veel in mien Leben sehn, man
sowat doch noch nich. Dat Wiev wär wunnerschön,
harr gröne, gralle Oogen un
lange geele Hoor. So baben rüm, dor wär se
nakigt, un statts Been harr se 'n Fischstert,
de Deern. Se rutsch dicht an mien Koje ran
– as so 'n dressierten Seehund in'n Zirkus,
weet ji wull – un denn seh se mi an.
»Na?« sä' se, »du büst doch sünst so kiebig?
Wullt du dienen Besök gor nich goden
Dag seggen?«
»Nu hol mal 'n beten de Luft an!« sä' ick,
»ick dach, sowat as di, dat gäv dat blots in 'n
Billerbok? Dat mutt ick erstmal sluken!«
»Denn versluk di man nich!« lach dat Waterwiev
un rutsch nochmal wat näger. Un
do kunn ick dat sehn: öberall, wo se mit ehren
Fischstert langschüer, dor bleev de Fotbodden
natt, so natt, as harr Moses dor 'n
Pütz Water utgaten.
»Aha!« dach ick, »so is dat! Denn is de

Jette de annern Mal je ook hier west!« Un dat dä mi leed, wat ick dat verslapen harr.
»Nu segg mi mal – worüm hest du mi denn nich in de letzten Nachten eenfach ut 'n Slap kregen?« frog ick ehr.
»Nee!« sä se, »dat dröft wi Waterwieber je nich! Slapen Minschen dröft wi nich anrögen, dat hett Neptun uns verbaden!«
»So un nu? Wat wullt du denn vun mi?«
»Ick will een vun de Klapperslangen hebben!«
»Worüm dat denn?«
»Dat will ick di seggen. Kiek mal – fiefhunnert Johren swabbel ick nu al mit mienen Fischstert rüm. Dat is mit de Tiet ja keen Vergnögen mehr! Ick müch ook mal gern so 'n Been hebben as ji Minschen.«
»Un dor brukst du 'n Klapperslang to?«
»Ja!« sä' dat Waterwiev. »Neptun, de lett ja so licht keen vun uns Waterwieber loopen! Man ick heff em solang piert un wat vörquest, bet he sä': ›Is got, du schallst dienen Willen hebben! Blots – de Been lat ick di erst wassen, wenn du Schöh hest, Schöh ut Slangenledder!‹ – Slangenledder gifft dat ja nich bie uns ünner Water, dat weet de ol

Knacker veel to got. Man as ick jun Ladung Klapperslangen spitz kreg, do dach ick glieks: Hier hest 'n Schangs!«

»Na, wenn dat so is, denn will ick di man helpen!« sä' ick. »Denn kumm man mit!« Wi güngen nah achtern nah de Käfigen mit de Klapperslangen, un ick angel ehr dor recht so 'n schöne, dicke rut.

»De langt je wull, wat?« frog ick.

»Ja, rieklich! Ick will mi ja ook man ganz lütte Föt wassen laten!«

»Hest denn ook eenen, de de Slang dat Fell aftreckt un di dor Schöh vun makt?«

»Dor mak di man keen Sorgen üm!« Dat Waterwiev tüder sick dat Deert üm den Hals un säh nu ut as 'n indische Badjadere. Denn sä' se: »Na, denn veelen Dank ook!«

»Dor kann ick mi nicks för köpen!« meen ick. »Kunnst mi doch wull eenen updrücken, oder is de Slang di dat nich wert?«

»Dien Quittung kriggst noch!« sä' dat Wiev. »Wi seht uns ja wedder!«

Un denn jump se mit 'n Swung öber de Reling un plumps in dat Water. Weg wär se.

Na, un ick kunn wedder to Koje krupen. Un weet de Dübel: wär dat nu den Smuttje sienen starken Kaffee – oder wären dat de schönen grönen Oogen vun dat Waterwiev? Düsse Nacht kreg ick keen beten Slap mehr! Eendont – ick heff ehr nie nich wedder to Gesicht kregen ...

Oder doch? Denn as wi mit uns' »Hammonia« wedder biehus wären, do mök ick mi landfein un güng up Musik, un een vun de Deerns dor, de kunn bannig got danzen, un Schöh ut Slangenledder harr se ook an de lütten Föt. Düsse Deern is nahsten mien Fru worden, un ick heff al männigmal dacht: Schull se dat wull wesen, de schöne Waternix? Harr dat Waterwiev nich seggt: »Wi seht uns ja wedder?«

Un noch wat: wenn mien Fru bie 't Grot-Reinmaken is, denn is dat bie uns in de Stuv jüst so quatschnatt as domals in mien Kamer up 'n Schipp. Dat säh dor ja ook so ut, as wenn een düchtig mit den Feudel rümfuchtelt harr. Un düchtig mit 'n natten Feudel fuchteln, dat kann mien Fru ganz utverschamten got, – Jung, wohr di weg!

Ick meen: dat is doch gediegen, nich?

GÜNTER TIMM

Tante Hedwig warrt tachentig

Vör 'n Tietlang sull Tante Hedwig tachentig warr'n.
Se is noch fix krall un kabaritsch, leevt noch alleen un mookt ohne Hölp ehr'n Huushold. Dor kannst' de Mütz vör afnehm. Op Tante Hedwig loot ik nix koom!
Wi harrn nu all 'n ganze Tiet seneert, wat wi ehr mol besünneres schenken kunn. Dat is jo bi so 'n ole Fro gor nich so eenfach. Antotrecken hett se noog un in de lütt' Wohnung stimmt ok all'ns. Wi hebbt se eenfach froogt.
Ik denk, mi luust de Oop, as se as op Kommando seggt:
»Ik möch flegen, so richtig mit 'n Fleger. Ji hebbt dor al soveel vun vertellt. Eenmol möch ik dat ok beleven.«
»Goot«, see ik, »wenn't wieder nix is, dat sallst du hebb'n.«

In een Büro vun so 'n Fluggesellschop hebbt wi de dat verkloort. As wi wedder rutkeem, harr'n wi 'n Fohrkort no Kopenhogen un torüch in de Tasch. Dat is nich so wiet, geiht 'n beten över Land un 'n beten över Woter, dor kriggt se fix wat to seh'n. Un denn see'n se, dat dat een vun ehre Spezialitäten weer, sik besünners um alleenreisende ole Lüüd to kümmern. De Flug duurt een Stünn hen un wedder torüch. Dor kunn wi glatt in Fuhlsbüttel töven un se wedder mit no Huus nehm.

Een Dag no ehr'n Geburtsdag güng dat al los. Nich to glöven sowat, de is keen beten opgereegt. Mien Fro un ik weer'n veel opgereegter as Tante Hedwig.

Veer Stünn hett dat duurt, bit se wedder keem. Wi hebbt in de Tiet jowoll jeder fiev Liter Kaffee drunken.

Over nu weer se opdreiht un opgereegt as 'n Kind. Un in't Auto güng dat Vertell'n al los.

Junge, Junge, dat füng al glieks goot an. As wi uns ansnall'n müssen, so as in't Auto, dor sett sik een vun de Stewardessen blang mi op den free'n Platz un heel mien Hand fast. Oh Gott, dach ik, de mutt jo 'n bannige Angst hebb'n. Mi weer dat vörher al opfull'n, as se de Swimmwesten wiest hett. Dor weer se de Erste, de se sik ümbunn harr. So is dat richtig, dach ik, dat is as op Schipp, Kapitän und Besatzung zuerst in die Boote.

Bi'n Start un ok bi de Landung seten de Stewardessen ümmer an de Notutgänge. Dat de Lüüd dat nich markt, sowat mutt doch den Dümmsten opfall'n.

De Pilot dor vörn, de weer ok nich veel beter, dor harr'n se woll 'n Anfänger hensett. As wi lann' sull'n, see he dörch den Luutspreker, dat wi nu erst noch 'n half Stünn kreisen mööt. »Aha«, dach ik, »nu kann he dat noch nichmol finn. Nu mutt he hier noch stünnlang rumsöken.«

As he den Flugplatz endlich funn harr un dat mit de Landung losgohn sull, heff ik to de Stewardess seggt: »Wenn se nu wedder bang is, sall se sik man nich scheneer'n un blang mi setten, ik hool denn wedder ehre Hand fast.«

Op de Rüchtour weer dat genau datsülve. Dor weer'n zwoor anner Stewardessen, over dat weer'n just solche Bangbüxen. Ok as erste de Swimmwest üm un denn setten se sik ok glieks wedder an de Notutgänge.

Noher keem een vun de Stewardessen un froog, ob ik nich mol no vörn in't Cockpit wull. Ik dach mi al glieks, dat dor wat nich stimmt. Ob ik den Pilot womöglich ok noch de Hand hool'n sall? »Na ja, mien wegen«, see ik, »ik kann dor jo mol henkieken.«

Un jüst so as ik mi dat dach harr. Mit twee Mann hoch seten se dor, de een mit 'n lange List in de Hand. Ut de hett he den annern vörleest, wat he to doon hett. Keen Wunner, wenn de den Flugplatz nich find!

Nee, nee, dat harr so schöön sien kunnt, over mit solche Bangbüxen fleeg ik nich wedder!

JOCHEN VOSS

Dat Fondü

Düsse Geschicht, leve Frünnen, is legenhaft to vertellen, avers se is würklich un wohrachtig passeert. Afspeelt hett se sik in't Holsteensche. Den Namen vun de Stadt, un ok den Namen vun de Lüüd, de in düt Vertellen de Hauptrull speelt, bruukt ji nich to weten. To de Lüüd seggt wi eenfach mal Oma un Opa, denn dat weern se ja.
An'n Stadtrand harrn sik de ollen Lüüd en lütt Stück Land köfft. Dor stünn nu ene Breederbood op, un de harr Opa in all de Johren üm- un anboot. Un mit de Tiet harr he dor ene smucke, kommodige Villa ut trechtklütert. Denn harr Opa noch för so'n beten Komfoor sorgt. So harr he de Pump vun buten na de Köök rinleggt. Nu harr dat kene Noot mehr mit dat Infreern in'n Winter, un keeneen bruukt de sworen Waterammer mehr to slepen. To'n goden Sluß

harr Opa noch för de Huusdöör enen Windfang vörsett. Den harr he extra so groot maakt, wiel he dor so ok noch den Lokus ünnerkreeg. Nu harr dat ja en Enn mit de Brummerhochtiet in'n Summer, un winterdaags bruukt sik keeneen mehr wat aftofreern.

Wiel ehr Enkel af un an to Besöök kemen, harr Opa för de noch extra en lütt Lock in de Lokusafdeckung rinsaagt. Allens na dat Motto: »Eigener Herd ist Goldes wert.«

Wiel nu Oma un de Gardinen dat Smöken nich afkunnen, harr Opa sik den Lokus ganz kommodig inricht. He harr em tapzeert, un an de Wand harr he en Bild vun unsen Kaiser in Paradeuniform opbummelt. To den Lokus sä he nu jümmers: »Dat is mien Philosophentorn.« Dor smöökt he denn siene Zigarett un lees dat Keesblatt dorto. Un mit den Goldammer versorgt he sienen Goorn mit de nödige Energie.

Oma un Opa ehr Kinner wahnen in de Stadt. Dormit se nu de ollen Lüüd jümmers an de Stripp harrn, harrn se ehr en Telefoon spendeert. Soveel vörweg, dormit ji allens in de Reeg kriegt.

Uns' Opa kunn nu dat Wort »Fondü« nich verknusen. Wenn he dat höör, woor he füünsch, rull mit de Ogen, un fung bannig an to futern, un dat keem so:
Siene Kinner harrn sik so enen neemodschen Fondü-Apparaat toleggt. Un de swögen nu bi jede Gelegenheit vun so'n Fondü-Eten. Dat weer ja so schöön heemelig, un so kommodig, dat man glatt den ganzen Avend dorvörsitten kunn. Man kunn sik dorbi wat vertellen, enen Buddel Beer, or ok en Glas Wien dorto drinken, dat wöör würklich ene gode Saak. So harrn se de ollen Lüüd lickmuulig op dat Fondü maakt.
As nu Wiehnachten weer, kemen jüm ehr Kinner an'n hilligen Avend, nameddags, mit ehre Geschenke an. Se bescheren de ollen Lüüd nu ja ok mit enen Fondü-Apparaat; un se harrn allens, wat dor tohöören dä, mitbröcht: den Putt, den Dreebuck, de Spritlamp, Töller, Gaveln, Fleesch, Sprit, un sogoor enen goden Buddel Wien. De Kinner harrn ehre Öllern nu allens ganz genau verklookfiedelt, woans dat funkschoneern dä. Denn sünd de Jungen wed-

der na Huus föhrt, wiel sie ehr egen Kinner ja ok noch to bescheeren harrn.
Nu harr uns' Oma meent, dat se dat Fondü man foorts an Avend utproberen schullen. Opa harr nix dorgegen, un so kreeg de Karpen, de in de Baadwann swömm, noch enen Dag Gnadenfrist. Dorna maakt Opa den Fondü-Apparaat kloor, he füll de Spritlamp op un dä dat Fett in den Putt. Oma deckt den Disch. Opa stickt de Lichten vun den Dannboom an un maakt den Buddel Wien op.
So harrn sik de beiden Ollen dat so recht schöön kommodigt maakt. Dat güng ja ok allens ganz goot; bit Opa sik mal so'n beten wat tüffelig anstell. Em weer en Stück Fleesch vun de Gavel in den Putt rinfullen. He angelt un angelt un kriggt dat dore Stück Fleesch nich wedder tofaten. Dor leggt he de Gavel op den Disch – un langt mit de Hand in den Putt.
Nu weer wat los, Opa brüll op un reet mit de Hand den Putt vun'n Dreebuck. Dat Fett versprütt in de Gegend. Opa jaul op, as so'n verleevten Kater den siene Bruut utneiht is. He danz op en Been in de Stuuv

rüm, as de Kinner de op de Straat »Himmel un Höll« speelt. Nu harr dat mit de Kommodigkeit ja en Enn. Oma jachtert na dat Telefoon un röppt den Dokter an. De seggt ehr, dat se man ene Tax bestellen schull, de Opa na dat Krankenhuus henföhrt. Dat dä Oma denn ja ok un af güng de Post!

As Opa weg weer, maakt Oma eerstmal Inventuur. De Polituur vun den Disch weer in'n Ammer, Dischdeek, Stohl un Teppich weern vull Fettsprütten. Dorbi harrn se noch en Barg Dusel hatt, denn wo licht harr dat Fett Füür fangen kunnt un ehr Huus weer affackelt! Op jeden Kees harr Oma de Nees vun dat dore Fondü bit babenhen vull. Falsch as se weer, kipp se dat hitte Fett in den Goldammer. Dat Fleesch flöög achteran, un denn kippt se toletzt ok noch de Spritlamp över den Ammer ut. Jüst as se dat trecht harr un sik en beten wat verpuusten wull, keem Opa wedder na Huus. De Hand harrn se em verbunnen, un gegen de Wehdaag harr he en Sprütt kregen.

Den Schreck, den Opa kregen harr, weer em meist so'n beten op de Maag slaan. So güng he eerstmal na sienen Philosophentorn, üm sik wat lichter to maken, un ene Zigarett to smöken. He harr ja enen Barg Last dormit sik de Büx hendaaltotrecken, aver na ene Tiet kreeg he dat trecht. Mit de hele Hand fummel he de Zigarettenschachel un de Rietsticken ut de Büxentasch. He grappelt sik ene Zigarett ut de Schachel un schüfft se sik mang de Kiemen. De Rietstickenschachel klemmt he sik mang de Knee, ritt enen Sticken an, un brennt sik de Zigarett an. Den brennen Rietsticken smitt he in den Goldammer. *Rums!* Ene Stichflamm schööt ut den Ammer un versengelt Opa den Achtersteven un noch wat! Opa brüll op as wenn se em afsteken dän. He full vun sienen Troon, stött dorbi mit den Kopp de Döör op, un brenn lichterloh!

Op dat Gebrüll keem nu Oma anscheest, süht de Bescheerung un hannelt ieskoolt. Se haal ene Wulldeek, deckt Opa dormit af, un maakt so dat Füür doot. Denn rönn se as so'n Bessenbinner na de Köök, haal den Deckel vun den groten Grapen. Se bööer de Klapp vun den Lokus hoch, un drück den Deckel op den Goldammer un maakt ok hier dat Füür ut. Denn löppt se na dat Telefoon un röppt den Dokter wedder an. De Dokter keem foorts anschaten, un behannel den liesen vör-sik-hen-jammernden Opa. Denn leet he den Krankenwagen kamen, un so weer uns' Opa in ene knappe halve Stünn dat twete mal op den Weg in't Krankenhuus.

As se dor ankemen, wullen em de beiden Sanis ut den Wagen ruthalen. Nu harr de ene vun de Sanis woll ok jüst sienen dammeligen Dag, or he weer ok al mit siene Gedanken bi Wiehnachten. As de nu na de Bahr greep, kreeg he den enen Greep nich richtig tofaten un de rutscht em ut de Hand. De anner Sani kann so de Bahr ok nich mehr hollen. De Bahr kippt üm – un Opa fallt op dat Plaaster. Dorbi brickt sik uns' Opa ok noch enen Foot!

Köönt ji nu verstahn, dat Opa wild ward un root süht, wenn he blot dat Woort »Fondü« höört?!

FRITZ WISCHER

Klas Butenschön vör Gericht

Klas Butenschön weer 'n groten Burn in Lüttenborsbek bi Kiel. He harr rech 'n beten up de hoge Kant sett in de Jahrn, de he Bur spelt harr. Nu wull 'e noch 'n beten von 't Leben hebb'n un harr sik to Roh sett.
He harr nu den gansen Dag 'n Barg Tied, un wenn he ni to Hus seet un smök, denn güng he to Fell oder to Dörp un keek hier mal in un dar mal in. Darbi harr he nu mal tokieken mußt, wa twee Lüd sik dat Jack vullhaut harrn un darüm schull he nu na Boßholm vör't Amtsgerich as Tüg.
»Wie heißen Sie?« frog em de Herr Amtsrichter.
»Wat, Herr Amtsrichter«, säd Klas Butenschön, »kenn'n Se mi denn ni? Ik kenn Se doch lang.«
»Daß ich nicht wüßte«, säd de Amtsrichter, »ich habe bisher noch nicht die Ehre und

das Vergnügen gehabt, Ihre Bekanntschaft zu machen.«

»Ja, ik bün je Klas Butenschön.«

»Wo wohnen Sie?«

»Ik wahn in Lüttenborsbek.«

»Ihr Alter?«

»Ja, min Ol, de hett dar ok wahnt; awer de is nu lang dot, Herr Amtsrichter!«

»Schwatzen Sie keinen Unsinn! Ich meine Ihr Lebensalter, wie alt Sie sind.

»Ach so, Se meenen, wa old as ik sülm bün. Ja, töb'n Se mal en Ogenblick, Herr Amtsrichter. Dat heff ik gar ni mal so up 'n Stutz up 't Rieg. Awer ik kann mi dat lich utreken, Herr Amtsrichter. Sehn S', min Swester, de 's 1846 konfermeert, dar weer se 15 Jahr old; un 49 wör dar dat eers Kind born. Ja, een von de holsteinischen Dragoners weer je de Vadder, un he hett er denn ok nahßen je noch heirat. – Un dat Kind is körtens 36 Jahr wen, un min Söhn is een Jahr jünger, also fievundörtig, Herr Amtsrichter. Un ik bün in de letzten Jahrn eegentli ümmer doppelt so old wen as min Söhn, un denn ward ik also wul so wat 70 Jahr old sin, Herr Amtsrichter.«

»Sind Sie verheiratet?
»Versteiht sik, Herr Amtsrichter«, säd Klas Butenschön, »ik heff ja acht Kinner. Wa schul ik dar süns wul bi kamen sin?«
»Womit sind Sie verheiratet?«
»Ja, wo schull ik wull mit verheiratet sin, Herr Amtsrichter. Mit'n Fronsminsch natürli.«
»Aber quatschen Sie hier nicht so viel dummes Zeug, das ist doch selbstverständlich.«
»Seggn Se dat ni, Herr Amtsrichter. Dat is lang ni sölbstverständli. Ik heff to'n Bispill 'n Swester, de is – je – mit 'n Mannsminsch verheirat.«
»Also, kurz, wie heißt ihre Frau?« – »Anngreten.«
»Geborene?«
»Versteiht sik, Herr Amtsrichter.«
»Donnerwetter, ich meine, was für eine Geborene Ihre Frau ist, welchen Namen sie als junges Mädchen führte.«
»Ach so! Ja, dar heet se Anngreten Brammer. Dat is awer al heel lang her, Herr Amtsrichter. Ünner den Namen kennt er hier in de Ümgegend keen Minsch mehr.«

»Das tut nichts zur Sache! Welche Konfession haben Sie?«

»Je, Herr Amtsrichter, mit min Konfeschon is dat so 'n eegen Sak. Sehn Se, ik bün ja eegentli von Konfeschon Bur; awer ik heff mi dat nu je to'n Harß entseggt un bün nu up 't Olendeel gahn. Awer wat min Söhn is, de Krischan, Se kennt em seker, Herr Amtsrichter, de hett je nu den schönen Hof övernahmen; un he hett sik körtens ...«

»Das gehört ja alles nicht hierher. Was kümmern mich denn all Ihre Privatangelegenheiten. Sie haben hier nur auf das zu antworten, was Sie gefragt werden.«

»Se hebbt mi dar doch na fragt, Herr Amtsrichter.«

»Schweigen Sie! Sie verwechseln überhaupt Konfession mit Profession. Ich meine, was glauben Sie?«

»Herr Amtsrichter, ik glöv, de Sak, de ward wul gahn. Denn sehn Se, wat min Krischan is, de hett je nu de Sted öwernahmen, un he hett sik noch körtens verheirat mit Trina Reimers er öllste Dochter. Jaa, se hett je so'n lütt beten wat von Hüker up 'n Rüch, un se pett 'n beten kort mit dat eene Been, awer se hett düchtig wat in 'e Melk to krömen, Herr Amtsrichter. De Sak, de ward wul gahn.«

»Aber, Herr Butenschön«, säd de Amtsrichter, »wir verstehen uns nicht. Ich meine doch, zu welcher Kirche gehören Sie?«

»Ach so, Herr Amtsrichter, ja, dat harrn Se ok man gliek segg'n kunnt. Ik hör je na Grotenflintbek to.«

»Herrgott, ich begreife nicht – –«

»Gans seker, Herr Amtsrichter, ik bün verleden Sünndag noch dar wen, un wenn se dat ni glöben wüllt, denn künnt Se man den oln Mars Timmermann fragen, de ümmer so vel utspiegen deiht; de hett blang mi seten, un ik heff noch tellt, wavel Mal as he dat bi de Predigt farrig bröcht hett: söb'nunveertig mal weern 't, Herr Amtsrichter.«

»Schweigen Sie!« säd de Amtsrichter, de nu garni mehr wüß, wat he upstellen schull. He keek sin Sekretär an, awer de trock ok blots mit de Schullern un mak 'n Gesich as 'n Oß, de to'n eerßen Mal in sin Leben 'n Kalv süht.

Up 'nmal awer full den Amtsrichter wedder wat in. He stütt de beidn Hann up 'n Disch, bög sik mit 'n Kopp wied voröwer un bölk Klas Butenschön an: »Glauben Sie denn an Gott?«

Klas Butenschön schot meiß in 'n Dutt un fahr 'n paar Schred torüch.

»Pfui, Herr Amtsrichter«, säd he denn, »wa künnt Se 'n oln Mann so verfehrn! Wiß glöw ik an Gott; al von min Scholtied an. Se holn mi am Enn doch ni gar för'n Dezimalakrobaten?«

Nu wüß de Amtsrichter wedder ni, wat he maken schull. He löp achter 'n Disch hen un her. Awer denn bleev he mit eens stahn un keek Klas Butenschön an, un dat seeg ut, as wenn em wedder wat infulln weer.

»Sagen Sie mal, Herr Butenschön«, säd he denn gans fründli un natürlich, »kennen Sie Doktor Martin Luther?«

Klas Butenschön keek 'n Tiedlang in 'e Höch, un man kunn em dat ansehn, dat he scharp nadenken de: »Ne, Herr Amtsrichter«, säd he denn na en kort Besinnen, »ne, den kenn ik ni. – Awer dat is je möglich, Herr Amtsrichter, dat he mi kennt. Mi

kennt nämli heel vel Lüd, Herr Amtsrichter, un ik heff mi vörhin al wunnert, wat Se mi garni kennen den.
»Haben Sie denn nie von Doktor Martinus Luther gehört?«
»Ne, Herr Amtsrichter, wenn wi krank sünd – un min Dochter hett vör 'n veer Wekens Tied noch eers 'n Bandworm hatt – denn gaht wi ümmer na Doktor Struv in Kiel.«

Autoren- und Quellenverzeichnis

DANIEL BARTELS, * 1818 † 1889, Verfasser humorvoller Gedichte und Parodien im Hamburger Missingsch sowie auf hoch- und plattdeutsch.

REIMER BULL, * 1933, emeritierter Professor, »Bitte, meine Herren« aus: Reimer Bull, So sünd wi je wull, Quickborn-Verlag, Hamburg 1992.

HEIKE FEDDERKE, * 1947, Kolumnistin, »Nummer eenuntwintig« aus: Heike Fedderke, All mien Lengen, Quickborn-Verlag, Hamburg 2004.

HANS-JÜRGEN FORSTER, * 1938 † 2006, Oberbaurat »De Tietbomb« aus: Hans-Jürgen Forster, Plattbarft, Quickborn-Verlag, Hamburg 2002.

KONRAD HANSEN, * 1933, Schriftsteller, »Wackelkontakt« aus: Konrad Hansen, Twüschen Himmel un Eer, Quickborn-Verlag, Hamburg 2004.

IRMGARD HARDER, * 1922, Rundfunkredakteurin im Ruhestand, »To Kur« aus: Irmgard Harder, De besten Geschichten, Quickbom-Verlag, Hamburg 1993.

CHRISTA HEISE-BATT, * 1937, Fremdsprachenkorrespondentin, »Laat dat na!« aus: Christa Heise-Batt, Sünn achter Wulken, Quickborn-Verlag, Hamburg 2003.

AUGUST HINRICHS, * 1879 † 1956, Schriftsteller, »Vömehm un gering« aus: August Hinrichs un sien schöönste Geschichten, Quickborn-Verlag, Hamburg 1989. Die Rechte liegen bei den August Hinrichs Erben.

HANS HENNING HOLM, * 1908 † 1977, Rundfunkredakteur, »Polterabend« aus: Hans Henning Holm, De Tiet, de löppt…, Quickborn-Verlag, Hamburg 1975.

RUDOLF KINAU, * 1887 † 1975, Schriftsteller, »Reken« aus: Rudolf Kinau, Sünnschien un goden Wind, Quickborn-Verlag, Hamburg 1953

HEIN(RICH) KÖLLISCH, * 1857 † 1901, Hamburger Humorist und Sänger, der viele Couplets und Parodien schrieb.

ROLF KUHN, * 1947 † 1996, schrieb für Lokalzeitungen und veröffentlichte seine Gedichte in Anthologien, »Arfensupp bi Karstadt«. Die Rechte liegen bei Günter Kuhn.

BOY LORNSEN, * 1922 † 1995, Schriftsteller, »Sinfunikunzert« aus: Boy Lornsen, Sinfunikunzert, Quickborn-Verlag, Hamburg 1992.

DIRK RÖMMER, * 1943, Pastor im Ruhestand, »Riederfest in de Fesen« aus: Dirk Römmer, Schiet ok!, Quickborn-Verlag, Hamburg 2009.

GERD SPIEKERMANN, * 1952, Rundfunkredakteur, »Us lüttje Oma« aus: Gerd Spiekermann, Achter mien Döör, Quickborn-Verlag, Hamburg 2000

OTTO TENNE, * 1904 † 1971, Komponist, Chorleiter und Schriftsteller, »Dat Waterwiev« aus: Otto Tenne, Dat Sündagskind un anner Vertellen, Quickborn-Verlag, Hamburg 1955

GÜNTER TIMM, * 1932, Betriebswirt im Ruhestand, »Tante Hedwig warrt tachentig« aus: Günter Timm, Mi höört blots föfftig Prozent, Verlag Ohlsen-Kunze, Oldenburg/Holst. 1995. Die Rechte liegen bei Günter Timm.

JOCHEN VOSS, * 1921, Schauspieler und Autor, »Dat Fondü«. Die Rechte liegen bei Jochen Voß.

FRITZ WISCHER, * 1869 † 1949, Volksschullehrer, »Klas Butenschön vör Gericht« aus: Fritz Wischer, Lach man mal, Quickborn-Verlag, Hamburg 1993